Creio na Alegria

Copyright © Paulus 2011

Direção editorial
Zolferino Tonon

Coordenação editorial
Jakson Ferreira de Alencar

Produção editorial
AGWM produções editoriais

Ilustrações
Criss de Paulo

Impressão e acabamento
PAULUS

Dados Internacionais de Catalogação na Publicação (CIP)
(Câmara Brasileira do Livro, SP, Brasil)

Pulier, Tania Ferreira e
Sousa, Sandra Regina de
    Creio na Alegria: caminho da fé cristã nos passos do Credo: livro do catequizando, volume 2 / Sandra Regina de Sousa e Tania Ferreira Pulier. — São Paulo: Paulus, 2011. Coleção Creio na alegria.

ISBN 978-85-349-2590-7

    1. Catequese — Igreja Católica — Ensino bíblico
    2. Catequistas — Educação 3. Fé 4. Vida cristã
I. Pulier, Tania Ferreira. II. Título.

11-03551   CDD-268.3

Índice para catálogo sistemático:

1. Catequistas: Formação bíblica: Educação religiosa: Cristianismo   268.3

Seja um leitor preferencial **PAULUS**.
Cadastre-se e receba informações sobre nossos lançamentos e nossas promoções:
paulus.com.br/cadastro
Televenda: **(11) 3789-4000 / 0800 16 40 11**

1ª edição, 2011
4ª reimpressão, 2018

© PAULUS – 2011

Rua Francisco Cruz, 229 • 04117-091 – São Paulo (Brasil)
Tel.: (11) 5087-3700 • Fax: (11) 5579-3627
paulus.com.br • editorial@paulus.com.br

ISBN 978-85-349-2590-7

Sandra Regina de Sousa
Tania Ferreira Pulier

Creio na Alegria

LIVRO DO CATEQUIZANDO

Caminho da fé cristã nos passos do Credo

Volume 2

PAULUS

Sumário

Apresentação — 6

Introdução — 8

CREIO NO ESPÍRITO SANTO

18º Encontro — Creio no Espírito que dá a vida — 13

19º Encontro — Batismo, uma nova vida em Cristo — 19

20º Encontro — Crisma – marcados com o Espírito Santo — 33

21º Encontro — Santa Igreja, Corpo de Cristo — 37

22º Encontro — Matrimônio e Ordem, sacramentos do serviço — 41

23º Encontro — Na comunhão de vida com os santos — 47

24º Encontro — Eucaristia, ação de graças — 51

25º Encontro — A celebração eucarística é festa — 59

26º Encontro	Liturgia, diálogo entre Deus e o povo	63
27º Encontro	Creio no amor que gera o perdão	77
28º Encontro	Reconciliação e Unção, caminhos de cura	81
29º Encontro	Creio na ressurreição da carne	89
30º Encontro	A herança é a vida eterna	93
31º Encontro	O rito da Primeira Eucaristia	97
32º Encontro	Celebrar o amor	111
33º Encontro	Amém	117
	Conclusão	124

Apresentação

Querida criança,

Você tem diante de si este livro de catequese, diferente dos livros da escola. Mais importante: ele serve de bússola para você navegar pelo mar bonito da fé em Jesus. Cada encontro se parece com um porto onde seu barco se abastece para a semana. De semana em semana, você passará com alegria esse período que a prepara para o encontro maior com Jesus na Eucaristia.

Cuide bem deste livro, com imenso carinho. Faça os exercícios propostos, não como mera tarefa escolar, mas como o momento de você ficar mais perto de Deus. Cada encontro que você faz a aproxima de Deus. E isso lhe enche o coração de alegria.

Você gosta de brincar. E na catequese você vai brincar com Deus por meio dos colegas, da catequista, das dinâmicas e orações. Quem mais se alegra com você e fica feliz de vê-la contente é Deus. Você aprenderá ao longo dos encontros a gostar ainda mais de Deus. Ele já gosta infinitamente de você.

Você vai perceber que o livro a ajudará a fazer coisas bem ligadas entre si. A primeira provoca-a a descobrir, desvelar e tornar mais claras as pequenas experiências de seu dia a dia. Ele fará você pensar um pouco mais naquilo que você já vive e faz. Agora com mais atenção para descobrir na sua vida a presença de Deus. O livro associará a essas experiências uma atividade de brincadeira. Deus gosta de ver você brincando. E, para coroar essas duas experiências, você se volta para Deus e reza. Nele você encontra o verdadeiro sentido de tudo o que faz.

Você não caminha sem sentido. Você anda em direção a Jesus. Os sinais da estrada que conduzem a ele vêm do Credo — aquela oração que se reza na missa depois da homilia do padre e traduz o que Deus nos ensinou para o nosso bem, felicidade e salvação. A cada semana você vai conhecer um pouquinho dessa via até chegar o dia da Primeira Eucaristia. Claro que depois você continuará comungando e aprofundando sua fé. No momento, que tenha boa viagem por esse caminho da catequese!

J. B. Libanio, sj

Belo Horizonte, 15 de agosto de 2010
Festa da Assunção de Nossa Senhora

Introdução

"Isso que vimos e ouvimos, nós agora o anunciamos a vocês.
Falamos da Palavra, que é a Vida."
1Jo 1,3.1

Querida criança,

Receba com todo o carinho este livro *Creio na Alegria*, uma proposta de catequese de iniciação, publicada em dois volumes, que a você é dedicada! A alegria perfeita é Deus, comunhão de amor. Esperamos que ao longo dos encontros você descubra que dizer "Creio em Deus Pai, Filho e Espírito Santo" é dizer "Creio na Alegria". Não há trilha de fé cristã sem a verdadeira alegria que contagia mesmo em meio a dificuldades, como a dos primeiros seguidores de Jesus Cristo.

Nestas páginas você vai encontrar músicas, histórias, poesias, jogos, a Palavra de Deus e sugestões de atitudes de vida que dão alegria ao praticá-las. O livro é um apoio importante no caminho que você fará com outras crianças ao longo dos encontros.

Você não vai ter aula de catequese com tarefas para casa, como se fosse português, geografia ou ciências, nem vai aprender conteúdos para saber mais e passar de ano. O seu aprendizado será uma experiência de amizade, de encontro, de oração que dê alegria à sua fé. Será tão bom se todas as crianças vivenciarem o encontro com o Deus de ternura e amor, que quer a vida boa para todos os seus filhos e filhas!

Preparar-se para a Primeira Eucaristia significa muito. É parte do seu caminho que começou com o Batismo e não vai terminar no final dos encontros, como se participar da Eucaristia fosse concluir um curso ou receber um diploma. Pelo contrário, o Corpo e o Sangue do Senhor são alimentos que fortalecem a caminhada de amor que continua pela vida afora.

Seja qual for a sua idade, você tem muitas perguntas e buscas. Os "porquês" são importantes para o aprendizado na vida. "Por quê?" é uma pergunta profunda que todo mundo tem dentro de si, mas muitas pessoas se esqueceram dela e desistiram de questionar. Só um coração de criança é capaz de perguntar, sem fingir que já tem a resposta. Que este livro seja um espaço onde suas questões possam fluir. Mesmo que elas não tenham respostas fechadas, que sejam impulso, lançamento para uma busca constante, mais profunda. Que a fé não seja para você algo pronto e acabado, mas um caminho sempre aberto.

Uma feliz e abençoada caminhada de fé e vida!

Com carinho,

Tania e Sandra

Creio no Espírito Santo

18º Encontro: Creio no Espírito que dá a vida

"E a esperança não engana, pois o amor de Deus foi derramado em nossos corações pelo Espírito Santo que nos foi dado."

Rm 5,5

Meu ser é tua morada

SEQUÊNCIA DE PENTECOSTES

Espírito de Deus.
Enviai dos céus um raio de luz!
Vinde, pai dos pobres, dai aos corações vossos sete dons.
Consolo que acalma, hóspede da alma, doce alívio, vinde!
No labor descanso, na aflição remanso, no calor aragem.
Enchei luz bendita, chama que crepita o íntimo de nós.
Sem a luz que acode, nada o homem pode, nenhum bem há nele.
Ao sujo lavai, ao seco regai, curai o doente.
Dobrai o que é duro, guiai no escuro, o frio aquecei.
Dai à vossa Igreja, que espera e deseja, vossos sete dons.
Dai um prêmio ao forte, uma santa morte. Alegria eterna.
Amém!

MÚSICA DO ENCONTRO
(melodia: *Pela estrada afora*)

Vinde, Santo Espírito, e do céu mandai
luminoso raio aos nossos corações.
Trazei sabedoria, bondade e alegria,
força e coragem, a paz e o perdão.

Fonte de amor, fogo abrasador,
consolo que acalma e conforta a alma.

Caminho do encontro

- *"Em nome do Pai"* (com os gestos aprendidos no 6º Encontro do volume 1; veja ilustração na página ao lado).

CATEQUISTA: A graça de Nosso Senhor Jesus Cristo, o amor do Pai e a comunhão do Espírito Santo estejam convosco.
T: Bendito seja Deus que nos reuniu no amor de Cristo.

- *Repetir algumas vezes o refrão abaixo em preparação para ouvir a Palavra de Deus.*

Envia o teu Espírito, Senhor, e a terra por ti será criada.

CRIANÇA: Leitura do Livro do Gênesis, capítulo 1, versículos 1 e 2.

No princípio, Deus criou o céu e a terra. A terra estava sem forma e vazia; as trevas cobriam o abismo e um vento impetuoso soprava sobre as águas.

— Palavra do Senhor!
T: Graças a Deus!

CATEQUISTA: Vamos cantar o salmo de forma alegre.

Salmo 103(102)
Envia teu Espírito, Senhor, e renova a face da terra

1. Bendize, ó minha alma, ao Senhor!
   Ó meu Deus e meu Senhor, como sois grande.
   De majestade e esplendor vos revestis
   e de luz vos envolveis como num manto.

2. Quão numerosas, ó Senhor, são vossas obras.
   E que sabedoria em todas elas!
   Encheu-se a terra com as vossas criaturas.
   Bendize, ó minha alma ao Senhor!

3. Todos eles, ó Senhor, de vós esperam
   que ao seu tempo vós lhes deis o alimento.
   Vós lhes dais o que comer e eles recolhem,
   vós abris a vossa mão e eles se fartam!

4. Se tirais o seu respiro, eles perecem
   e voltam para o pó de onde vieram.
   Enviais o vosso Espírito e renascem
   e da terra toda a face renovais.

- *Cantem juntos o canto de aclamação ao Evangelho.*

Aleluia, aleluia, aleluia, aleluia!
Vinde, Espírito Santo, acendei nos corações dos fiéis o amor,
como um fogo abrasador.

CATEQUISTA: Evangelho de Nosso Senhor Jesus Cristo, segundo São João (Jo 20,19-23).
T: Glória a vós, Senhor!

Era o primeiro dia da semana. Ao anoitecer, estando fechadas as portas do lugar onde se achavam os discípulos por medo das autoridades dos judeus, Jesus entrou. Ficou no meio deles e disse: "A paz esteja com vocês". Mostrou-lhes as mãos e o lado. Os discípulos ficaram contentes por ver o Senhor. Jesus disse de novo para eles: "A paz esteja com vocês. Assim como o Pai me enviou, eu também envio vocês". Jesus soprou sobre eles, dizendo: "Recebam o Espírito Santo. Os pecados daqueles que vocês perdoarem serão perdoados. Os pecados daqueles que vocês não perdoarem não serão perdoados".

— Palavra da Salvação!
T: Glória a vós, Senhor!

- *Cantar algumas vezes este refrão:*

Indo e vindo, trevas e luz. Tudo é graça, Deus nos conduz!

- *Partilha da Palavra, escuta e silêncio.*

- *Repetir algumas vezes, com a melodia de* Envia teu Espírito, Senhor*:*

**Que vivamos neste mundo, ó Senhor,
o amor que tu nos dás com teu Espírito**.

Creio no Espírito Santo...

Preces

CRIANÇA (1): Ó Pai querido, te pedimos por toda a Igreja para que se deixe guiar por teu Espírito na missão de anunciar e construir o reino de irmãos.

T: Dá-nos a tua luz, Senhor!

CRIANÇA (2): Ó Pai querido, te pedimos por nossos governantes para que no Espírito sejam mais atentos aos sofrimentos do povo e respondam com projetos de vida.

T: Dá-nos a tua luz, Senhor!

CRIANÇA (1): Ó Pai querido, te pedimos por todas as pessoas que fazem o bem com a graça do teu Espírito, em especial pelos catequistas, para que não desanimem em meio às dificuldades.

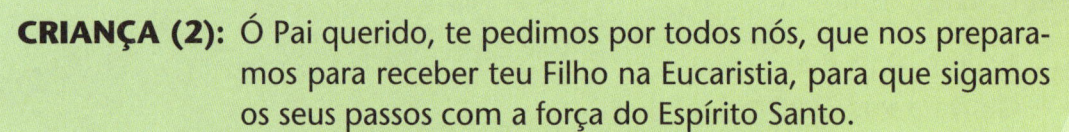

T: Dá-nos a tua luz, Senhor!

CRIANÇA (2): Ó Pai querido, te pedimos por todos nós, que nos preparamos para receber teu Filho na Eucaristia, para que sigamos os seus passos com a força do Espírito Santo.

T: Dá-nos a tua luz, Senhor!

Bênção

Deus, o Pai das luzes, que iluminou o coração dos discípulos, derramando sobre eles o Espírito Santo, vos conceda a alegria de sua bênção e plenitude dos dons do mesmo Espírito. **Amém!**

Abençoe-nos Deus todo amoroso, Pai, Filho e Espírito Santo. **Amém!**

Fazer em casa com carinho

- Conte para os seus pais ou outros familiares sobre a celebração de que você participou neste encontro: o que foi mais bonito e importante para você.

- No seu livro há imagens e palavras que representam o Espírito Santo. Olhe bem para elas e forme, com as palavras, frases que falam da ação do Espírito.

Dom de Deus

Amor

Doador das Graças

Creio no Espírito Santo...

- Cante e ensine a outras crianças a música de hoje.

Propósito da semana

Você deverá fazer para pelo menos duas pessoas o desenho de uma árvore com frutos e neles escrever os frutos do Espírito Santo: amor, alegria, paz, paciência, bondade, fé, mansidão, domínio de si. Na hora de dar o desenho de presente, conte um pouco para a pessoa sobre o encontro que você vivenciou na catequese e, se quiser, mostre seu livro com o caminho percorrido.

A Palavra de Deus

A Palavra desta semana é tão linda quanto as outras que você tem lido e meditado. Ela está na Carta aos Romanos, capítulo 5, versículos do 1 ao 8, e nos diz que o amor de Deus foi derramado no coração de todas as pessoas, através do Espírito Santo; por isso ninguém deve perder a esperança, pois Cristo deu a sua vida para o bem de todos. Faça uma oração ao Espírito Santo inspirada nessa leitura e escreva aqui embaixo.

19º Encontro: Batismo, uma nova vida em Cristo

"Cada um de vocês seja batizado em nome de Jesus Cristo e vocês receberão do Pai o dom do Espírito Santo."

At 2,38

Nascidos pela água e pelo Espírito

BANHADOS EM CRISTO
(Ione Buyst)[1]

Banhados em Cristo,
somos uma nova criatura.
As coisas antigas já se passaram,
somos nascidos de novo.
Aleluia, aleluia, aleluia!

Em Pentecostes, os discípulos e discípulas de Jesus receberam o Espírito Santo, dom de Deus, que os tirou do medo e lhes deu audácia para anunciar que Jesus Cristo, o Crucificado, ressuscitou, estava vivo e presente entre eles. Ele é o Messias esperado, o Filho e Senhor, aquele por quem se tem vida nova em abundância. Daqueles que ouviram esse anúncio muitos aderiram à fé e pediram o Batismo.

Mergulhado na água do Batismo, o cristão faz a experiência de passar com Cristo da morte à vida, do egoísmo ao amor, da violência à paz, e assim é capaz de professar a fé: "Creio em Deus Pai, Filho e Espírito Santo". Recebe o Espírito para viver como filho e filha de Deus, configurando e assemelhando sua vida à do Filho Jesus.

Por isso, o Batismo é, juntamente com a Crisma e a Eucaristia, sacramento da iniciação cristã. Por ele, o batizado é introduzido na comunidade de fé. Na Igreja Antiga era feito um rito de iniciação cristã, em que, após o tempo de formação e prática na vida do seguimento de Jesus, o catecúmeno (aquele que se preparava para o sacramento) era aceito para receber o Batismo: no rito, ele renunciava a Satanás (ou seja, ao mal e suas seduções), era mergulhado na água batismal professando a fé, ungido com o óleo para ser testemunha de Cristo (Crisma) e comungava do Corpo e do Sangue de Cristo (Eucaristia). Hoje, na Igreja Católica, os três sacramentos são ministrados separadamente, mas não se perde de vista a unidade entre eles.

---
1. CD *Tríduo Pascal II*. São Paulo: Paulus. Coleção Cantos do Hinário Litúrgico da CNBB.

MÚSICA DO ENCONTRO
(melodia: *Alecrim dourado*)

No Batismo, eu fui mergulhado,
professando a fé, ganhei vida nova.
O meu Senhor soprou seu Espírito
e me enviou a amar o irmão.

RITO DO BATISMO[2]

---
2. *Ritual do Batismo de Crianças*. São Paulo: Paulus, 1999, pp. 11-53.

1. Ritos de acolhida

A criança é batizada em celebração comunitária no domingo, dia em que as comunidades cristãs se reúnem para fazer memória da ressurreição.

Chegada: *a reunião começa, quando possível, na porta da Igreja ou em outro lugar apropriado. A acolhida é feita por quem preside e pela equipe de celebração.*

Saudação: *após o canto inicial, quem preside saúda a assembleia.*

Apresentação da criança e pedido do Batismo: *quem preside diz:*

— Queridos pais, vocês transmitiram a vida a esta criança e a receberam como um dom de Deus, um verdadeiro presente. Que nome escolheram para ela?

Os pais apresentam a criança à comunidade, dizendo o nome dela.
T: Bendito seja Deus para sempre!

Quem preside convida pai e mãe para dizer com suas próprias palavras o que estão pedindo à Igreja:

— Queridos pais, o que pedem à Igreja de Deus para seu(sua) filho(a)?

O presidente pede ao pai e à mãe que manifestem a disposição de educar na fé esta criança:

— Pelo Batismo esta criança vai fazer parte da Igreja.
Vocês querem ajudá-la a crescer na fé, observando os mandamentos e vivendo na comunidade de seguidores de Jesus?
Pai e mãe: Sim, queremos!

Dirige-se ao padrinho e à madrinha:

— E vocês, padrinho e madrinha, estão dispostos a colaborar com os pais em sua missão?
Padrinho e madrinha: Sim, estamos!

Pede à comunidade que manifeste seu compromisso de fé e vida cristã:

— E todos vocês, queridos irmãos e irmãs aqui reunidos, querem ser uma comunidade de fé e de amor para esta criança?
Comunidade: Sim, queremos!

Sinal da cruz: *quem preside faz o sinal da cruz na testa da criança dizendo:*

— Nosso sinal é a cruz de Cristo.
Por isso, vamos marcar esta criança com o sinal do Cristo Salvador.
Assim, N., nós te acolhemos na comunidade cristã.

O sinal também é feito pelo pai, pela mãe, pelo padrinho e pela madrinha e, eventualmente, por algumas pessoas da comunidade. Pode-se entoar um canto apropriado.

Procissão de entrada: *se o rito de acolhida tiver sido feito na porta da Igreja ou em outro local, faça-se uma procissão de entrada com o Círio Pascal, acompanhada de um canto.*
Na celebração do Batismo fora da missa, quem preside conclui os ritos da acolhida com a oração:

— Ó Pai, que pelo Batismo nos tornais participantes de vossa família, dai-nos receber de coração sincero vossa Palavra e vivê-la com alegria. Por Cristo, nosso Senhor.
T: Amém.

2. Liturgia da Palavra

Proclamação da Palavra: *escuta confiante.*

Leitura da Carta de São Paulo aos Gálatas (Gl 3,26-28)

Irmãos, com efeito, vós todos sois filhos de Deus
pela fé em Jesus Cristo.
Vós todos que fostes batizados em Cristo
vos revestistes de Cristo.
O que vale não é mais ser judeu nem grego,
nem escravo nem livre, nem homem nem mulher,
pois todos vós sois um só, em Jesus Cristo.

— Palavra do Senhor!
T: Graças a Deus!

Aclamação ao Evangelho

Aleluia, aleluia, aleluia.
— Há um só Senhor, uma fé, um Batismo; um só Deus e Pai de todos.

Proclamação do Evangelho de Jesus Cristo segundo São João (Jo 3,1-8)

Entre os fariseus havia um homem chamado Nicodemos. Era um judeu importante.
Ele foi encontrar-se de noite com Jesus e disse:
— Rabi, sabemos que tu és um mestre vindo da parte de Deus. Realmente, ninguém pode realizar os sinais que tu fazes, se Deus não está com ele.
Jesus respondeu:
— Eu garanto a você: se alguém não nasce do alto, não poderá ver o reino de Deus.
Nicodemos disse:
— Como é que um homem pode nascer de novo, se já é velho? Poderá entrar outra vez no ventre de sua mãe e nascer?
Jesus respondeu:
— Eu garanto a você: ninguém pode entrar no reino de Deus, se não nasce da água e do Espírito. Quem nasce da carne é carne, quem nasce do Espírito é Espírito. Não se espante se eu digo que é preciso vocês nascerem do alto. O vento sopra onde quer, você ouve o barulho, mas não sabe de onde ele vem, nem para onde vai. Acontece a mesma coisa com quem nasceu do Espírito.

— Palavra da Salvação!
T: Glória a vós, Senhor!

Homília

Oração dos fiéis

— Irmãos e irmãs, supliquemos a misericórdia de Deus por esta criança, por sua família, padrinho e madrinha, e por todo o povo de Deus, dizendo:
T: Lembrai-vos, Senhor!

— Da criança que hoje renasce da água e do Espírito. **(T)**

— Da família que apresenta esta criança para receber a vida nova do Batismo. **(T)**

— Do padrinho e da madrinha que assumem o compromisso de ajudar esta criança a crescer na fé. **(T)**

— Desta comunidade que acolhe esta criança como pedra viva e escolhida de vossa Igreja. **(T)**

— De todo o povo batizado, testemunha do Evangelho. **(T)**

Acolhe, Senhor, essas preces e ajuda-nos a viver unidos em comunidade, para sermos sinais e instrumentos do teu reino. Por Nosso Senhor Jesus Cristo, na unidade do Espírito Santo. **Amém.**

Oração: *quem preside, o pai e a mãe, o padrinho e a madrinha impõem as mãos sobre a cabeça da criança e fazem uma oração em silêncio.*

Quem preside reza com as mãos estendidas:

— Deus da vida e do amor, vós enviastes vosso Filho Jesus ao mundo para nos libertar do pecado e da morte.
Afastai todo mal desta criança e ajudai-a a combater o bom combate.
Como templo vivo do Espírito Santo, manifeste as maravilhas do vosso amor.
Por Cristo, nosso Senhor.
T: Amém.

Unção pré-batismal: *a mãe prepara a criança para que a unção seja expressiva.*

Quem preside apresenta a todos o recipiente com o óleo e reza a seguinte oração:

— Bendito sejais vós, Senhor Deus. Através do óleo, fruto da oliveira, fortaleceis vosso povo para o combate da fé.
T: Bendito seja Deus para sempre!

Quem preside diz:

— O Cristo Salvador lhe dê sua força.
Que ela penetre em sua vida como este óleo em seu peito.

Quem preside toma nas mãos o óleo dos catecúmenos (os que são iniciados no mistério) e unge o peito da criança.

3. Liturgia sacramental

Oração sobre a água: *quem preside convida para a oração de bênção sobre a água:*

— Meus irmãos e minhas irmãs, sabemos que Deus quis servir-se da água para dar sua vida aos que creem. Unamos nossos corações, suplicando ao Senhor que derrame sua graça sobre os seus escolhidos.

Quando se usa a água abençoada na Vigília Pascal, quem preside reza:

— Bendito seja Deus, criador de todas as águas!
Sobre as águas primeiras firmastes o universo inabalável.
Povoastes as águas e a terra com vossas criaturas.
T: Fontes de água viva, bendizei o Senhor!

— Nas águas do Mar Vermelho, afogastes os opressores e fizestes vosso povo passar a pé enxuto para a terra da liberdade!
T: Fontes de água viva, bendizei o Senhor!

— Nas águas do Jordão, solidário com os pobres e pecadores, Jesus se fez batizar por João Batista; ungido pelo Espírito, iniciou sua missão neste mundo.
T: Fontes de água viva, bendizei o Senhor!

— Nas águas do seu amor todos nós fomos mergulhados e passamos da escravidão para a liberdade, da tristeza para a alegria, da morte para a vida.
T: Fontes de água viva, bendizei o Senhor!

— Concedei a força do vosso Espírito a todos os que forem banhados nesta água a fim de que participem da Páscoa do Cristo e recebam a graça da imortalidade.
T: Amém.

Promessas do Batismo: *quem preside exorta pais e padrinhos com estas palavras:*

— Queridos pais e padrinhos, o amor de Deus vai infundir nesta criança uma vida nova, nascida da água pelo poder do Espírito Santo.
Se vocês estão dispostos a educá-la na fé, renovem agora suas promessas batismais:

— Para viver na liberdade dos filhos de Deus,
vocês renunciam ao pecado?
Pais e padrinhos: Renuncio.

— Para viver como irmãos,
vocês renunciam a tudo o que causa desunião?
Pais e padrinhos: Renuncio.

— Para seguir Jesus Cristo,
vocês renunciam ao demônio, autor e princípio do pecado?
Pais e padrinhos: Renuncio.

Quem preside convida pais e padrinhos para proclamar a fé da Igreja. Pode-se estender a mão em direção ao Círio:

— Vocês creem em Deus Pai todo-poderoso, criador do céu e da terra?
Pais e padrinhos: Creio.

— Vocês creem em Jesus Cristo, seu único Filho, nosso Senhor, que nasceu da Virgem Maria, padeceu e foi sepultado, ressuscitou dos mortos e subiu ao céu?
Pais e padrinhos: Creio.

— Vocês creem no Espírito Santo, na santa Igreja Católica, na comunhão dos santos, na remissão dos pecados, na ressurreição dos mortos, na vida eterna?
Pais e padrinhos: Creio.

Quem preside conclui com estas palavras:

— Esta é a nossa fé, que da Igreja recebemos e sinceramente professamos, razão de nossa alegria em Cristo, nosso Senhor.
T: Demos graças a Deus!

Batismo: *a família se aproxima da água batismal. Quem preside cita o nome da criança e pergunta aos pais e padrinhos:*

— Vocês querem que N. seja batizado(a) na fé da Igreja que acabamos de professar?
Pais e padrinhos: Queremos.

Quem preside batiza a criança, dizendo:

— N., EU TE BATIZO EM NOME DO PAI,
[*mergulha a criança ou derrama a água pela primeira vez*]

DO FILHO,
[*mergulha a criança ou derrama a água pela segunda vez*]

E DO ESPÍRITO SANTO.
[*mergulha a criança ou derrama a água pela terceira vez*]

A assembleia pode manifestar sua alegria com uma salva de palmas. A família acolhe o neobatizado com um beijo ou outro gesto de afeição.

Ritos complementares

Unção pós-batismal: *quem preside diz:*

— Querida criança, que o Espírito Santo a consagre com este óleo, para que participe da missão de Cristo, sacerdote, profeta e rei.
Agora que você faz parte do povo de Deus, siga os passos de Jesus e permaneça nele para sempre.
T: Amém.

Quem preside unge, em silêncio, a cabeça da criança com o óleo do Crisma.

Veste batismal: *a criança será revestida com a roupa branca ou faz-se uma alusão à veste que está usando.*

Quem preside diz:

— N., você nasceu de novo e se revestiu do Cristo; por isso, traz a veste batismal. Que seus pais e padrinhos o(a) ajudem por sua palavra e exemplo a conservar a dignidade de filho e filha de Deus até a vida eterna.
T: Amém.

Rito da luz: *quem preside apresenta o Círio Pascal e diz:*

— Recebam a luz de Cristo.

Ou canta:

— Eis a luz de Cristo!
T: Demos graças a Deus.

O pai ou, em sua ausência, o padrinho acende a vela no Círio Pascal. Quem preside acrescenta:

Querida criança, você foi iluminada por Cristo para se tornar luz do mundo. Com a ajuda de seus pais e padrinhos, caminhe como filha da luz.
T: Amém.

Ritos complementares opcionais

Entrega do sal: *quem preside diz:*

— "Você é o sal da terra", disse Jesus.

A mãe põe um pouco de sal na boca da criança.

Éfeta: *quem preside toca os ouvidos e a boca da criança e diz:*

— O Senhor Jesus, que fez os surdos ouvir e os mudos falar, lhe conceda que possa logo ouvir sua Palavra e professar a fé para louvor e glória de Deus Pai.
T: Amém.

Se a comunidade tem um distintivo próprio, este é o momento de entregá-lo à criança em sinal de pertença.

4. Ritos finais

Oração do Senhor: *quem preside dirige-se aos pais, padrinhos e assembleia:*

— Esta criança que foi batizada é chamada, em Cristo, a viver plenamente como filha de Deus Pai. Para isso, ela precisa ser fortalecida pelo Espírito Santo no sacramento da Confirmação e alimentada na Ceia do Senhor. Agora, ao redor desta mesa, unidos no Espírito, rezemos:

> Pai nosso que estais no céu,
> santificado seja o vosso nome;
> venha a nós o vosso reino;
> seja feita a vossa vontade,
> assim na terra como no céu.
>
> O pão nosso de cada dia nos dai hoje,
> perdoai-nos as nossas ofensas,
> assim como nós perdoamos
> a quem nos tem ofendido,
> e não nos deixeis cair em tentação,
> mas livrai-nos do mal.
> Amém!

Bênção: *quem preside abençoa a mãe com sua criança, o pai, o padrinho, a madrinha e todos os presentes:*

— Abençoai, Senhor, esta criança, vosso filho e filha, e manifestai-lhe toda a vossa afeição.
T: Amém.

— Abençoai, Senhor, o pai e a mãe desta criança, para que, doando sua vida por ela, participem das alegrias do vosso reino.
T: Amém.

— Abençoai, Senhor, o padrinho e a madrinha desta criança, para que sejam para ela e sua família amigos de todas as horas e apoio na fé.
T: Amém.

— Desça sobre todos aqui reunidos a bênção de Deus rico em misericórdia: Pai, Filho e Espírito Santo.
T: Amém.

Despedida: *quem preside despede-se da assembleia, convidando-a a saudar uns aos outros com o abraço da paz.*

— Vão em paz e o Senhor os acompanhe.
T: Graças a Deus.

Experiência de oração

Reze o Credo de um modo claro, devagar e dando sentido às palavras.

CREDO

Creio em Deus Pai todo-poderoso,
criador do céu e da terra.
E em Jesus Cristo, seu único Filho, nosso Senhor.
Que foi concebido pelo poder do Espírito Santo.
Nasceu da Virgem Maria.
Padeceu sob Pôncio Pilatos, foi crucificado, morto e sepultado.
Desceu à mansão dos mortos; ressuscitou ao terceiro dia,
subiu aos céus; está sentado à direita de Deus Pai todo-poderoso,
donde há de vir a julgar os vivos e os mortos.
Creio no Espírito Santo; na santa Igreja Católica;
na comunhão dos santos; na remissão dos pecados;
na ressurreição da carne; na vida eterna. Amém.

Fazer em casa com carinho

- Junte as palavras no labirinto para formar uma frase e escreva na linha abaixo.

Palavras no labirinto: TODAS, AS, BATISMO, PELO, PERTENCER, PASSAM, IGREJA, À, PESSOAS, A

Creio no Espírito Santo...

31

- Peça aos seus pais que contem sobre o dia do seu Batismo e lhe mostrem a certidão. Conte para eles e mostre, no seu livro, o ritual que você conheceu na catequese e ensine a eles a música desse encontro.

- Traga no próximo encontro uma borracha e uma caneta.

Propósito da semana

Você, esta semana, abençoará as pessoas da sua família, colocando a mão sobre a cabeça delas e dizendo: "Que o Espírito Santo que recebeu no Batismo faça de você um cristão que ama e é feliz".

A Palavra de Deus

No livro dos Atos dos Apóstolos, capítulo 2, versículos do 32 ao 41, você poderá ler, meditar e depois descobrir as palavras mais importantes (Jesus, ressuscitou, testemunhas, Espírito Santo, Pai, Davi, exaltado, Senhor, céu, Cristo) no caça-palavras abaixo.

```
F D A S V H D E X V B T E J E N R Q A S
A Q D R F G B P A I K Z X C V B T Y H F
A S J F G W J K U R D C A N J B E S S E
B D E G B G N S J E L I L M E D S X C A
A S R D M F R G T H Y T U L E T S A S
I U H G E V B N W L P A X S Z E Q R D
E S D C I B N T A F D D Q W E M G N C
Z X C V B N M H G D S O Q W E U T Y C
K J S E N H O R O O I U E T R N W Q R
N H J K Y G F D C V R E I S D H A S I
A Z R E S S U S C I T O U H N A J M S
L O D I R E I T A H Y B O T V S R B T
S V X A A W Q R T Y U I O J H G A D S O
J Q R E S P Í R I T O S A N T O M R E R
C É U M Ã O F R T Y U I J N A F D A V I
```

20º Encontro: Crisma – marcados com o Espírito Santo

"Deus, através de nós, espalha o perfume do seu conhecimento no mundo inteiro."
2Cor 2,14

Enviados para exalar o bom odor de Cristo

20

A MISSÃO DE JESUS
Lc 4,14-21

Jesus voltou para a Galileia, com a força do Espírito, e sua fama espalhou-se por toda a redondeza. Ele ensinava nas sinagogas, e todos o elogiavam. Jesus foi à cidade de Nazaré, onde se havia criado. Conforme seu costume, no sábado entrou na sinagoga e levantou-se para fazer a leitura. Deram-lhe o livro do profeta Isaías. Abrindo o livro, Jesus encontrou a passagem onde está escrito: "O Espírito do Senhor está sobre mim, porque ele me consagrou com a unção, para anunciar a Boa-Nova aos pobres; enviou-me para proclamar a libertação aos presos e aos cegos a recuperação da vista; para libertar os oprimidos, e para proclamar um ano de graça do Senhor". Em seguida Jesus fechou o livro, o entregou na mão do ajudante e sentou-se. Todos os que estavam na sinagoga tinham os olhos fixos nele. Então Jesus começou a dizer-lhes: "Hoje se cumpriu essa passagem da Escritura, que vocês acabam de ouvir".

Creio no Espírito Santo...

MÚSICA DO ENCONTRO
(melodia: *Pai Francisco* ou *Meu pintinho amarelinho*)

O Espírito de Deus
sela o "sim" que dou ao Pai (que dou ao Pai),
para pertencer a ele
ao ser ungido para a missão.

Levar o perfume
do seu Filho amado
aos irmãos queridos,
eu sou enviado!

Fazer em casa com carinho

- Faça o criptograma da página ao lado e saiba mais da passagem do tema sobre a missão de Jesus, o Ungido. Para letras iguais, símbolos iguais. Respondidas as perguntas abaixo, com o auxílio da linguagem cifrada, surgirá, nas casas em destaque, o nome que a Igreja oriental dá ao sacramento da Crisma e que significa selo.

1. Onde Jesus ensinava?
2. Quem consagrou Jesus com a unção?
3. Quando Jesus disse que se cumpriu o texto da Escritura lido por ele?
4. Jesus foi enviado para .... os oprimidos.
5. E também era missão de Jesus .... a Boa-Nova.
6. Para onde Jesus voltou com a força do Espírito?
7. De que livro da Bíblia Jesus escolheu o texto para fazer a leitura?
8. Qual era o dia em que os judeus se encontravam na sinagoga para orar?

Creio no Espírito Santo...

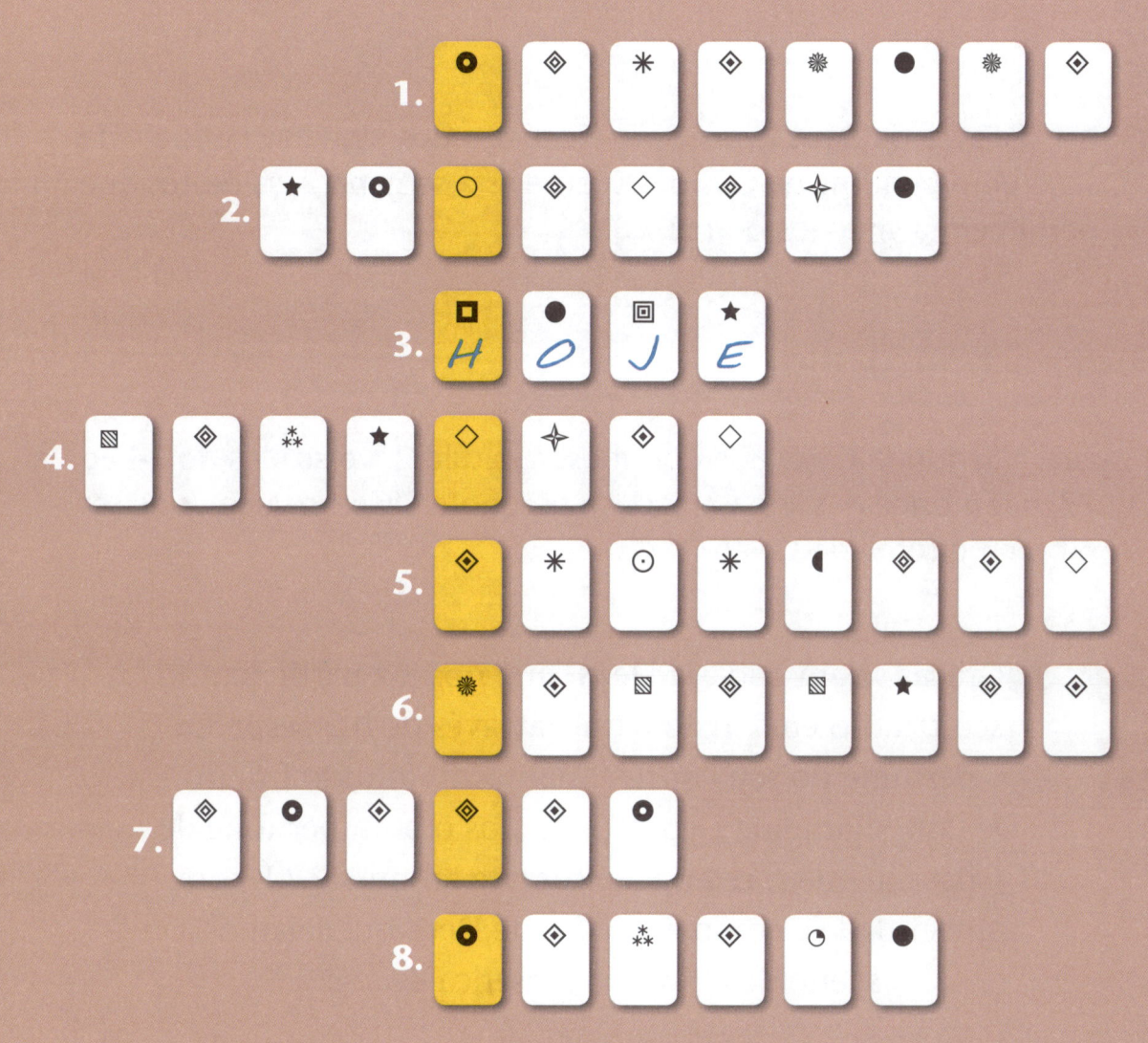

3. **H O J E**

Legend:

A = ◈	P = ○	S = ⊙	R = ◇	B = ✻	C = ☾
I = ◆	T = ✦	U = ☉	N = ✳	H = ◘	D = ◐
G = ❋	J = ▣	L = ▨	O = ●	E = ★	

- Unja com óleo perfumado as mãos dos seus familiares, num gesto de carinho, contando para eles o que aprendeu sobre a unção do Espírito neste encontro.

- Não se esqueça de ensinar a música de hoje para outras crianças. Criem gestos com as mãos para brincarem.

Propósito da semana

Na "Palavra de Deus" você vai perceber o que significa na sua vida ser o bom perfume de Cristo. Durante esta semana, faça gestos que perfumem a vida dos outros.

A Palavra de Deus

Leia a Segunda Carta aos Coríntios, capítulo 2, versículos do 14 ao 17, e responda nas linhas abaixo à pergunta: "Como você pode ser o bom perfume de Cristo?".

> "Graças sejam dadas a Deus, que nos faz participar do seu triunfo em Cristo e que, através de nós, espalha o perfume do seu conhecimento no mundo inteiro. De fato, diante de Deus nós somos o bom perfume de Cristo. E quem estaria à altura de tal missão? É com sinceridade e como enviados de Deus que falamos a respeito de Cristo na presença de vocês."

21º Encontro: Santa Igreja, Corpo de Cristo

"Em Pentecostes, todos estavam reunidos no mesmo lugar. Veio do céu um barulho como forte vendaval, ficaram repletos do Espírito Santo."

At 2,1-2.4

Dons a serviço do reino

A MORTE DA IGREJA
(Eduardo Machado)

Um padre muito experiente foi nomeado pároco de uma Igreja do interior. Lá chegando, percebeu que sua missão de evangelizar seria difícil, pois aquele povo não queria nada com a Igreja. O padre convidava para a missa e quase ninguém aparecia, convidava para um encontro e não vinha ninguém, nem com o terço o povo se importava.

Então o padre foi ficando cada vez mais desanimado, e o desinteresse da comunidade já começava a refletir também no sustento da Igreja — ninguém doava o dízimo e quando o padre tentava falar sobre as necessidades da comunidade e orientar sobre a importância de todos doarem o dízimo, o que ele ouvia era sempre a mesma coisa:

— Que é isso, seu vigário? Esse negócio de dízimo já era. A Igreja aqui morreu há muito tempo.

Foi aí que o padre teve uma ideia: já que a Igreja morreu, vamos enterrá-la. Então anunciou pelos quatro cantos da cidade o dia e a hora do enterro da Igreja. No dia marcado a Igreja lotou, todos estavam curiosos para presenciar o que seria o enterro da Igreja. O padre preparou tudo direitinho: bem no centro do templo, um enorme caixão de defunto.

O povo cantou e rezou como nunca e no final da missa, antes de levar o caixão para o cemitério, o padre convidou um a um os que estavam presentes para dar adeus à defunta Igreja e acrescentou:

— Aquele que considera a defunta morta e digna de ser enterrada, quando passar pelo caixão, dê-lhe um beijo e fique de pé... mas quem a beijar e mudar de ideia fique sentado.

Então um a um todos os que passavam pelo caixão e olhavam lá dentro saíam assustados e corriam para sentar. O fato é que ninguém ficou de pé. Houve um profundo silêncio. É que o padre havia colocado um enorme espelho dentro do caixão, e cada um que se inclinava para olhar o seu interior via sua imagem refletida e percebia que o defunto era quem estivesse olhando. Foi assim que aquela cidade compreendeu que a Igreja é o povo; não participar da comunidade é contribuir para o enterro da Igreja, aliás, o próprio enterro.

MÚSICAS DO ENCONTRO

Prova de amor
Jo 15,9-14

(José Weber)[1]

Prova de amor maior não há que doar a vida pelo irmão!

Eis que eu vos dou o meu novo mandamento:
"Amai-vos uns aos outros como eu vos tenho amado!"

Vós sereis os meus amigos, se seguirdes meus preceitos:
"Amai-vos uns aos outros como eu vos tenho amado!"

Como o Pai sempre me ama, assim também eu vos amei:
"Amai-vos uns aos outros como eu vos tenho amado!"

Permanecei em meu amor e segui meu mandamento:
"Amai-vos uns aos outros como eu vos tenho amado!"

Nisto todos saberão que vós sois os meus discípulos:
"Amai-vos uns aos outros como eu vos tenho amado!"

Lava-pés

(Valdeci Farias)[2]

Jesus, erguendo-se da ceia, jarro e bacia tomou,
lavou os pés dos discípulos, este exemplo nos deixou.
Aos pés de Pedro inclinou-se. "Ó Mestre, não por quem és!"
"Não terás parte comigo se não lavar os teus pés." (bis)

"És o Senhor, tu és o mestre, os meus pés não lavarás."
"O que ora faço não sabes, mas depois compreenderás.
Se eu, vosso mestre e Senhor, vossos pés hoje lavei,
lavai os pés uns dos outros, eis a lição que vos dei." (bis)

"Eis como irão reconhecer-vos como discípulos meus:
Se vos amais uns aos outros", disse Jesus para os seus.
"Dou-vos novo mandamento, deixo ao partir nova lei:
Que vos ameis uns aos outros, assim como eu vos amei!" (bis)

---

1. CD *Tríduo Pascal I*. São Paulo: Paulus. Coleção Cantos do Hinário Litúrgico da CNBB.
2. CD *Tríduo Pascal I*. São Paulo: Paulus. Coleção Cantos do Hinário Litúrgico da CNBB.

Fazer em casa com carinho

● Na lista abaixo faça a correspondência de um serviço na Igreja que para você tem a ver com a parte do corpo humano destacada, podendo escolher entre: coroinha, ministro da Eucaristia, padre, equipe de limpeza, equipe de liturgia, catequista, coral, equipe do dízimo, leitores ou outros ministérios que você conheça. Cada parte do corpo humano pode estar relacionada a mais de um serviço.

1
2
3
4
5
6
7
8
9

Na santa Igreja Católica

CORPO HUMANO	SERVIÇO NA IGREJA
1.	
2.	
3.	
4.	
5.	
6.	
7.	
8.	
9.	

Propósito da semana

Durante toda esta semana você, que é uma criança muito prestativa, vai fazer uma tarefa na sua casa, algo que normalmente você não faz.

A Palavra de Deus

Na Primeira Carta aos Coríntios, capítulo 12, versículos do 12 ao 21, você encontrará palavras que estão no desenho do corpo humano. Olhe novamente para o desenho e forme frases com esses serviços e escreva abaixo. Se quiser escrever mais do que o tanto de linhas que estão abaixo, fique à vontade. O importante é que você não se esqueça de que todos na Igreja são muito importantes, pois juntos formam um só corpo, do qual Cristo é a cabeça.

22º Encontro: Matrimônio e Ordem, sacramentos do serviço

"O amor é paciente, o amor é prestativo. O amor jamais passará!"
1Cor 13,4.7-8

Acima de tudo o amor

O AMOR
(Luiz Vaz de Camões)

Amor é fogo que arde sem se ver.
É ferida que dói e não se sente.
É um contentamento descontente.
É dor que desatina sem doer.

É um não querer mais que bem querer.
É um andar solitário entre a gente.
É nunca contentar-se de contente.
É um cuidar que se ganha em se perder.

É querer estar preso por vontade.
É servir a quem vence o vencedor.
É ter com quem nos mata lealdade.

Mas como causar pode seu favor
nos corações humanos amizade,
se tão contrário a si é o mesmo amor?

MÚSICA DO ENCONTRO
(melodia: *Se essa rua fosse minha*)

Esses dois sacramentos são serviços,
vocações dentro da comunidade,
expressões do amor de Jesus Cristo
que se entrega por toda a humanidade.

Cada um tem seu jeito e seu valor,
porque vivem a entrega e doação.
São assim uma aliança de amor
e se firmam numa vida de oração.

Na santa Igreja Católica....

Fazer em casa com carinho

- A sua missão nesta semana será entrevistar um casal e um padre para saber como começou a vocação deles e como a vivenciam hoje.

Casal

Padre

Na santa Igreja Católica...

- Complete as frases com as palavras abaixo.

MATRIMÔNIO	AMOR	PACIÊNCIA
HUMILDADE	SERVIÇO	IGREJA
ORDEM	FIDELIDADE	ALIANÇA

1. O matrimônio é .... de amor entre homem e mulher.

2. Para servir aos irmãos é necessário a ....

3. Pelo sacramento da ...., bispos, padres e diáconos comprometem-se a amar e servir a Igreja.

4. O sacramento do .... é uma vocação vivida no amor.

5. Ordem e Matrimônio são sacramentos do ....

6. Os pais precisam ter .... para educar os filhos.

7. Tanto os padres como os casais comprometem-se a viver o amor e a ....

8. É da fé recebida na .... que nascem as vocações.

9. Só o .... torna possível a vivência em comunidade.

- Lembre-se de cantar e ensinar a música de hoje.

Propósito da semana

Reze todos os dias desta semana pedindo a Deus a graça de ir descobrindo no passo a passo da vida a sua própria vocação.

A Palavra de Deus

Que maravilha a Palavra que Deus tem para você hoje! Ela está na Primeira Carta aos Coríntios, capítulo 13, versículos do 1 ao 8. Leia com muito carinho, prestando atenção em cada frase. Ao terminar a leitura, feche os olhos e imagine um mundo onde só exista o amor. Todas as pessoas são amigas, se respeitam, falam só a verdade, não brigam, não agridem ninguém, não jogam lixo nas ruas, não destroem a natureza. Que delícia seria, hein? Um mundo de irmãos vivendo como Jesus viveu.

Hino ao amor
1Cor 13,1-8

Ainda que eu falasse línguas, as dos homens e dos anjos,
se eu não tivesse o amor, seria como sino ruidoso
ou como címbalo estridente.

Ainda que eu tivesse o dom da profecia,
o conhecimento de todos os mistérios e de toda a ciência;
ainda que eu tivesse toda a fé, a ponto de transportar montanhas,
se não tivesse o amor, eu não seria nada.

Ainda que eu distribuísse todos os meus bens aos famintos,
ainda que entregasse o meu corpo às chamas,
se não tivesse o amor, nada disso me adiantaria.

O amor é paciente, o amor é prestativo;
não é invejoso, não se ostenta, não se incha de orgulho.

Nada faz de inconveniente, não procura seu próprio interesse,
não se irrita, não guarda rancor.

Não se alegra com a injustiça, mas se regozija com a verdade.

Tudo desculpa, tudo crê, tudo espera, tudo suporta.

O amor jamais passará!

Na santa Igreja Católica...

Faça um desenho abaixo que expresse o que o amor é capaz de fazer no mundo. Ele transforma corações, muda situações, ensina o cuidado e o carinho que se deve ter com tudo e todos no planeta Terra.

23º Encontro: Na comunhão de vida com os santos

"Diga a toda comunidade dos filhos de Israel: sejam santos, porque eu, o Deus de vocês, sou santo."

Lv 19,2

Santidade nas pequenas coisas

23

"No céu também, ó Pai, todos cantam o vosso louvor: Maria, mãe de Jesus, os apóstolos, os anjos e os santos, vossos amigos. Nós, aqui na terra, unidos a eles, com todas as crianças do mundo e suas famílias, alegres cantamos (dizemos) a uma só voz: Santo, santo, santo, Senhor Deus do Universo, o céu e a terra proclamam a vossa glória. Hosana nas alturas! Bendito o que vem em nome do Senhor! Hosana nas alturas!"[1]

MÚSICA DO ENCONTRO
(Oração de São Francisco)

Senhor, fazei-me instrumento de vossa paz.
Onde houver ódio, que eu leve o amor.
Onde houver ofensa, que eu leve o perdão.
Onde houver discórdia, que eu leve a união.
Onde houver dúvida, que eu leve a fé.
Onde houver erro, que eu leve a verdade.
Onde houver desespero, que eu leve a esperança.
Onde houver tristeza, que eu leve a alegria.
Onde houver trevas, que eu leve a luz.

Ó Mestre, fazei que eu procure mais consolar que ser consolado.
Compreender que ser compreendido. Amar que ser amado.
Pois é dando que se recebe. É perdoando que se é perdoado.
E é morrendo que se vive para a vida eterna.

---

1. Oração Eucarística I para missa com crianças.

Fazer em casa com carinho

- Procure histórias da vida de um ou mais santos e faça desenhos que contem essas histórias. Tire frases que sejam muito significativas para você e escreva abaixo.

- Se você conhece a música que cantou neste encontro, cante-a em sua casa com seus familiares.

Propósito da semana

Escolha um santo de que você goste mais e saiba um pouco da história dele. Durante esta semana coloque a imagem ou a figura dele no seu quarto e todos os dias olhe para ela, lembrando-se de algum gesto de amor que ele costumava fazer. Tente praticar esse gesto. A oração que está abaixo é a que você rezou na catequese. Ela pode ajudar você a ver que todos os seres humanos são irmãos e, por isso, filhos do mesmo Pai. Então cada um deve procurar tratar o outro da melhor maneira possível.

> O que nos une:
> Somos batizados em nome do mesmo Deus.
> Partimos o mesmo pão.
> Partilhamos a mesma esperança.
> Respeitamos o mesmo mandamento.
> Acreditamos na mesma Palavra.
> Celebramos o mesmo Deus único.[2]

A Palavra de Deus

Na página seguinte está o Salmo 34(33), para que você leia, medite e faça uma oração a Deus Pai, pedindo a graça de ser santo(a) nas pequenas coisas do dia a dia: na obediência aos pais, no respeito a todas as pessoas, na prática do bem, no não falar mal de ninguém e ser uma criança que promove a paz na família, na escola, na catequese, no bairro. Ao terminar a oração, sublinhe no texto as palavras de que mais gostou.

---

2. Oração extraída do livro *Eu creio – Pequeno catecismo católico* – Textos: Eleonore Beck. Tradução: Ajuda à Igreja que sofre. Editorial Verbo Divino, 1999, p. 76.

SALMO 34(33)

Vou bendizer ao Senhor o tempo todo,
seu louvor estará sempre em minha boca.

Eu me orgulho por causa do Senhor:
que os pobres ouçam e fiquem alegres.

Repitam comigo: Deus é grande!
Juntos exaltemos o seu nome.

Consultei ao Senhor, ele me respondeu,
e me livrou de todos os temores.

Olhem para ele e ficarão felizes,
o rosto de vocês não ficará envergonhado.

Este pobre gritou, o Senhor ouviu,
e o salvou de todos os apertos.

O anjo do Senhor acampa ao
redor dos que o temem, e os liberta.

Provem e vejam como o Senhor é bom:
feliz o homem que nele se abriga.

Tema ao Senhor, povo consagrado ao Senhor,
pois nada falta aos que o temem.

Filhos, cheguem perto e me escutem:
vou ensinar a vocês o temor do Senhor.

Quem de vocês não deseja a vida?
Quem não quer vida longa para prosperar?

Então guardem a língua de falar mal
e os lábios de dizer mentiras.

Evitem o mal e pratiquem o bem,
e sem descanso procurem a paz.

O Senhor cuida sempre dos justos,
e ouve atentamente seus clamores.

Os justos gritam, o Senhor escuta.
O Senhor está perto dos corações feridos,
e salva os que estão desanimados.

O Senhor resgata a vida de seus servos,
e os que nele se abrigam não serão condenados.

24º Encontro: Eucaristia, ação de graças

"Façam isto em memória de mim."
Lc 22,19

Sustento para o caminho

EU QUERO, SENHOR[1]...

Eu quero, Senhor, ser hoje uma espiga de ti muito amiga, triturada e moída, meu bom lavrador.

Eu quero ser hoje punhado de farinha, de farinha a flor, por ti convertida em hóstia de amor.

Eu quero, Senhor, ser hoje um ramo de videira, meu Deus vinhador.

Eu quero ser pão, quero ser vinho e dar-me contigo.

Senhor, eu te sigo, tu és meu amor, sou eu o teu amigo.

Não temo o lagar, não temo o moinho, nem o forno aceso do teu coração.

Que eu acenda o teu ardor e no teu amor fundido, tome teu sabor e a ti muito unido, servindo ao mundo de hoje.

Eu quero, Senhor, contigo ser um, unir os irmãos, ser corda e ser nó, fazer de minhas mãos teus laços de amor.

Como te comungo, ser comunhão.

Eu quero, Senhor, ser hoje o cordeiro que corre ao sacrifício atrás do pecador, ser graça e perdão.

Das minhas ações fazer moinho do mais puro amor.

Eu quero, Senhor, te quero, meu amor, e quanto te quero!

Tu sabes, meu amor, o quanto te devo!

A ti hoje entrego meu ser todo inteiro.

Sou teu, meu Amigo, Cordeiro, o Pão do meu amor.

Na comunhão dos santos...

---

1. Adaptação do poema "Quisiera, Señor", do padre Jaime Bonet Bonet, fundador da Fraternidade Missionária Verbum Dei.

O Deus que é Pai de Jesus Cristo e, por ele, de todos os seres humanos, cujo poder se mostra no amor criador do Universo e de todo ser vivo, enviou seu Filho amado para que todos tivessem vida por ele. O Filho e Senhor expressou totalmente em sua vida quem é o Pai. Nascido pela ação do Espírito no ventre de uma mulher simples, viveu fazendo o bem: curando os doentes, acolhendo os pecadores, como Zaqueu, e transformando suas vidas, libertando os sofredores, anunciando aos pobres a Boa-Nova do amor. Foi testemunha da verdade e por ela deu a vida na cruz. Levantado pelo Pai, que o ressuscitou, entrou na vida de Deus com toda a humanidade e, sentado à sua direita, convida todos a buscar as coisas do alto, seguindo o seu caminho. Ao dar a vida, Jesus derrama o Espírito sobre os discípulos e discípulas em Pentecostes, fazendo deles testemunhas do Reino.

Cada batizado recebe o mesmo Espírito, que o faz filho de Deus e o introduz na comunidade de fé para nela e com ela servir. É o Espírito que une os membros do Corpo de Cristo, que é a Igreja, aqueles que estão a caminho da santificação e os santos, que chegaram à meta e são exemplo e intercessores. A comunhão dos santos se faz pela comunhão nas coisas santas, ou seja, é na Eucaristia que o Espírito realiza a unidade de todos os membros entre si e com a cabeça, que é Cristo.

MÚSICA DO ENCONTRO
(melodia: *Bate o sino*)

Pão e vinho nesta mesa, ceia do Senhor,
grande prova de amor para a salvação.
Sua entrega a Deus Pai é ação de graças,
unidade, alegria, elo e comunhão.

Na Eucaristia somos um só corpo,
servos uns dos outros, aprendendo a amar,
fiéis à Palavra, nos passos da fé,
simples e humildes, vamos caminhar.

Fazer em casa com carinho

- O trabalho a ser feito em casa será com a Oração Eucarística III para missa com crianças. Leia essa oração prestando atenção nas várias partes e do que trata cada parte. Depois faça uma oração de ação de graças ao Pai com as suas próprias palavras, tentando seguir os passos que estão descritos na oração. Se achar difícil, peça ajuda a um adulto, mas não deixe de fazer. Escreva sua oração aqui no livro (página 56) para que fique bem guardada.

Oração Eucarística III para missa com crianças

1. **Agradecimento pela criação e pelas amizades**
   P: Muito obrigado porque nos criastes, ó Deus. Querendo bem uns aos outros, viveremos no vosso amor. Vós nos dais a grande alegria de encontrar nossos amigos e conversar com eles. Podemos assim repartir com os outros as coisas bonitas que temos e as dificuldades que passamos.
   T: Estamos alegres, ó Pai, e vos agradecemos!

2. **Louvor junto com os anjos, santos e todos os que acreditam em Deus**
   P: Por isso estamos contentes, ó Pai, e viemos para agradecer. Com todos os que acreditam em vós e com os anjos e santos vos louvamos cantando (dizendo):
   T: Santo, santo, santo, Senhor Deus do universo! O céu e a terra proclamam a vossa glória. Hosana nas alturas! Bendito o que vem em nome do Senhor! Hosana nas alturas!

3. **Reconhecimento da bondade e da santidade do Pai e por ele ter nos dado seu Filho Jesus**
   P: Sois santo, ó Pai. Amais todas as pessoas do mundo e sois muito bom para nós. Agradecemos em primeiro lugar, porque nos destes vosso Filho Jesus Cristo. Ele veio ao mundo porque as pessoas se afastaram de vós

e não se entendem mais. Jesus nos abriu os olhos e os ouvidos para compreendermos que somos irmãos e irmãs da família em que sois o nosso Pai. É Jesus que agora nos reúne em volta desta mesa para fazermos, bem unidos, o que na ceia fez com seus amigos.

T: **Glória a Jesus, nosso Salvador!**

4. Pedido ao Pai pelo Espírito para santificar o pão e o vinho e para que se tornem o Corpo e o Sangue de Jesus

P: Pai, vós que sois tão bom, mandai vosso Espírito Santo para santificar este pão e este vinho. Eles serão assim o Corpo e o Sangue de Jesus Cristo, vosso Filho.

5. Narrativa do que Jesus fez

P: Antes de morrer por amor de nós, Jesus, pela última vez, pôs-se à mesa com os apóstolos. Tomou o pão nas mãos e agradeceu. Partiu o pão e o deu a seus amigos, dizendo:

TOMAI, TODOS, E COMEI: ISTO É O MEU CORPO QUE SERÁ ENTREGUE POR VÓS.

T: **Glória a Jesus, nosso Salvador!**

P: Do mesmo modo, tomou nas mãos o cálice com vinho e agradeceu de novo. Deu o cálice a seus amigos dizendo:

TOMAI, TODOS, E BEBEI: ESTE É O CÁLICE DO MEU SANGUE, O SANGUE DA NOVA E ETERNA ALIANÇA, QUE SERÁ DERRAMADO POR VÓS E POR TODOS PARA REMISSÃO DOS PECADOS. FAZEI ISTO EM MEMÓRIA DE MIM.

T: **Glória a Jesus nosso Salvador!**

6. Recordação da morte e ressurreição de Jesus

P: Por isso, ó Pai, estamos aqui reunidos diante de vós e cheios de alegria recordamos o que Jesus fez para nos salvar. Neste sacrifício que ele deu à sua Igreja, celebramos a morte e ressurreição de Jesus.

7. **Oferecimento da própria vida junto com a de Jesus**
   P: Nós vos pedimos, ó Pai do céu, aceitai-nos com vosso amado Filho. Ele quis sofrer a morte por amor de nós, mas vós o ressuscitastes; por isso vos louvamos.
   T: **Com Jesus, oferecemos, ó Pai, a nossa vida!**

8. **O reino que está por vir**
   P: Jesus agora vive junto de vós, ó Pai, mas ao mesmo tempo ele está aqui conosco. No fim do mundo ele voltará vitorioso: no seu Reino ninguém mais vai sofrer, ninguém mais vai chorar, ninguém mais vai ficar triste. Vós nos chamastes, ó Pai do céu, para que nesta mesa recebamos o Corpo de Jesus, na alegria do Espírito Santo. Assim alimentados, queremos agradar-vos sempre mais.
   T: **Com Jesus, oferecemos, ó Pai, a nossa vida!**

9. **Pedido pela Igreja, a comunidade dos amigos de Jesus**
   P: Pai de bondade, ajudai o Papa N. e nosso Bispo N. e os outros bispos da Igreja. Ajudai também os amigos de Jesus, para que vivam em paz no mundo inteiro e façam a todos bem felizes.

10. **Pedido de estar um dia na casa do Pai com Maria e todos os santos**
    P: Fazei que, um dia, estejamos junto de vós com Maria, a Mãe de Deus, e com todos os santos, morando para sempre em vossa casa com Jesus.
    T: **Com Jesus, oferecemos, ó Pai, a nossa vida!**

P: Por Cristo, com Cristo e em Cristo. A vós Deus Pai todo-poderoso. Na unidade do Espírito Santo, toda honra e toda glória, agora e para sempre. Amém!

Oração de ação de graças ao Pai

1.

2.

3.

4.

5.

6.

7.

8.

9.

10.

- A cantiga deste encontro também vale a pena ensinar para outras pessoas.

Propósito da semana

Esta semana você vai fazer dois gestos bonitos de doação.

- Escolha um destes gestos: oferecer-se para carregar a sacola de alguém, dar seu lugar no ônibus, na missa, na escola, ou oferecer alguma ajuda à professora, ao colega ou ao irmão ou irmã. Se quiser fazer mais de um, fique à vontade. O importante é fazer com carinho.

- Prepare um lanche em casa para os familiares. Arrume a mesa, coloque pão e suco, explique como foi o encontro, leia com eles o Evangelho, agradeça a Deus os alimentos, peça pelos que não têm o que comer, lembre que o pão na Igreja é o Corpo de Cristo e o vinho, o Sangue de Cristo, e depois distribua com carinho os alimentos que preparou para eles.

A Palavra de Deus

Você fará esta semana uma cruzadinha diferente. Ao ler o Evangelho de Lucas, capítulo 22, versículos do 14 ao 19, você elaborará as perguntas e com as respostas formará a palavra EUCARISTIA no meio de sua cruzadinha.

1. ....
2. ....
3. ....
4. ....
5. ....
6. ....
7. ....
8. ....
9. ....
10. ....

E
U
C
A
R
I
S
T
I
A

1. ....
2. ....
3. ....
4. ....
5. ....
6. ....
7. ....
8. ....
9. ....
10. ....

25º Encontro: A celebração eucarística é festa

"Celebremos a festa com ázimos de sinceridade e verdade."
1Cor 5,8

Mistério Pascal de Cristo, coração da fé cristã

25

Na comunhão dos santos....

Missa e festa têm cinco letras
e muita história pra contar!
Nelas celebramos a vida,
é só alegria a contagiar!

Na festa juntamos amigos,
na missa os irmãos se reúnem.
Somos todos uma só família,
é só o amor que nos une.

Mensagem de paz é que não falta,
em verso e prosa o mistério.
Deus Pai, em seu Filho Jesus,
faz-nos um no amor fraterno.

O Espírito gera comunhão,
põe a Igreja no caminho do Senhor.
Os que estão e os que já partiram
juntos celebram o louvor.

Refeição é que não pode faltar,
na festa e na missa também.
Pelo banquete da Eucaristia
que a nossa vida seja um "amém".

MÚSICA DO ENCONTRO
(melodia: *Natal, natal das crianças*)

A missa é uma festa que alegra o coração
pois nela Jesus se entrega
e assim nos faz todos irmãos.

Então vem festejar
esse grande amor de Deus,
que deu seu filho amado
para nós os filhos seus.

POEMA DO AMIGO APRENDIZ
(Fernando Pessoa)

Quero ser o teu amigo. Nem demais e nem de menos.
Nem tão longe e nem tão perto.
Na medida mais precisa que eu puder.
Mas amar-te sem medida e ficar na tua vida,
da maneira mais discreta que eu souber.
Sem tirar-te a liberdade, sem jamais te sufocar.
Sem forçar tua vontade.
Sem falar, quando for hora de calar.
E sem calar, quando for hora de falar.
Nem ausente, nem presente por demais.
Simplesmente, calmamente, ser-te paz.
É bonito ser amigo, mas confesso é tão difícil aprender!
E por isso eu te suplico paciência.
Vou encher este teu rosto de lembranças,
dá-me tempo, de acertar nossas distâncias...

Fazer em casa com carinho

- Nesta semana, escreva no seu livro o que você se lembra das partes da missa que foram aprofundadas na catequese e como as entendeu. Se você não se lembrar, peça ajuda a um adulto, ou, se não conseguir, esclareça sua dúvida no próximo encontro.

Na comunhão dos santos...

Ritos iniciais

Procissão de entrada
Beijo no altar
Sinal da cruz e saudação

Ato penitencial
Hino de louvor
Oração do dia

Liturgia da Palavra

Primeira leitura
Salmo
Segunda leitura
Evangelho

Homilia (palavras do padre)
Credo
Preces

Liturgia eucarística

Procissão e apresentação das oferendas
Oração sobre as oferendas
Oração Eucarística
Pai-nosso

Abraço da paz
Fração do pão e Cordeiro
Comunhão
Oração pós-comunhão

Ritos finais

Bênção
Despedida (envio)

● Cante a música de hoje e crie alguns passos de dança para ela.

Propósito da semana

Procure participar de uma missa nesta semana, celebrando com bastante amor, prestando atenção em tudo o que acontece — os gestos, as palavras, os símbolos, a presença dos irmãos.

A Palavra de Deus

Leia na Bíblia a passagem dos Atos dos Apóstolos, capítulo 2, versículos do 42 ao 47. Complete os quadrinhos com as letras que faltam, de modo a preencher quatro práticas importantes de perseverança ensinadas pela primeira comunidade cristã.

Preencher com:

2 letras A   2 letras E   5 letras O   4 letras S

☐ N ☐ I N ☐ M ☐ N T ☐
         D ☐
☐ P ☐ T ☐ L ☐ ☐

Preencher com:

2 letras N   2 letras R   2 letras O   3 letras A

C ☐ M U ☐ H ☐
F ☐ T E ☐ ☐

Preencher com:

1 letra F   1 letra D   3 letras O   3 letras A

☐ R ☐ Ç ☐ ☐
☐ ☐ P ☐ ☐

Preencher com:

1 letra R   1 letra E   2 letras O   1 letra Ç   1 letra S

☐ ☐ A ☐ ☐ ☐ ☐

26º Encontro: Liturgia, diálogo entre Deus e o povo

"O que nós ouvimos e aprendemos, o que nossos pais contaram, vamos contar à geração seguinte: as glórias do Senhor, seu poder e as obras grandiosas que ele realizou."

Sl 78(77),3-4

Que graça poder celebrar!

26

Em todos os tempos e lugares o ser humano criou expressões corporais com danças, reverências, gestos. Buscou contato com a divindade utilizando-se de elementos da natureza (flores, plantas, água) e se comunicou através de palavras. Todos os povos possuem ritos festivos para celebrar momentos centrais da vida (nascimento, casamento, aniversário, morte etc.). O que é então celebrar? É festejar, honrar, exaltar, cercar de cuidado e de estima.[1]

Na liturgia cristã celebra-se a obra da redenção humana e da perfeita glorificação de Deus, anunciada nas maravilhas realizadas no povo do Antigo Testamento e completadas em Cristo Senhor, pelo Mistério Pascal de sua morte e ressurreição. Por esse mistério, Cristo, morrendo, destruiu a morte e, ressuscitando, recuperou a vida.[2]

Na celebração litúrgica a comunidade se manifesta em gestos, ações simbólicas e palavras, que expressam agradecimento e amor a esse Deus, por todas as maravilhas que ele faz. É a ação festiva, pública e comunitária realizada na gratuidade das pessoas que professam sua fé, reunindo-se para realizar o memorial da vida, morte e ressurreição de Jesus Cristo, proclamando a Palavra e partilhando a Eucaristia.

Na comunhão dos santos....

---

1. Luiz Miguel Duarte. *Liturgia – Conheça mais para celebrar melhor*. São Paulo: Paulus, 2008, pp. 5-9.
2. *Sacrosanctum Concilium* nº 5 (Constituição sobre Liturgia do Concílio Vaticano II).

O SABONETE[3]

Um garoto pobre, com doze anos de idade, vestido e calçado de forma humilde, entrou na loja, escolheu um sabonete comum e pediu ao proprietário que o embrulhasse para presente.

— É para minha mãe — disse, com orgulho.

O dono da loja ficou comovido diante da singeleza daquele presente. Olhou para o seu freguês e, sentindo uma grande compaixão, teve vontade de ajudá-lo. Pensou que poderia embrulhar, junto com o sabonete comum, algum artigo mais significativo.

Entretanto, indeciso, ora olhava para o garoto, ora para os artigos que tinha em sua loja. Devia ou não fazer? O coração dizia sim, a mente dizia não. O garoto, notando a indecisão do homem, pensou que ele estivesse duvidando de sua capacidade de pagar. Colocou a mão no bolso, retirou as moedinhas de que dispunha e colocou-as sobre o balcão.

O homem ficou ainda mais comovido quando viu as moedas, de valor tão insignificante. Continuava seu conflito mental. Lembrou-se de sua mãe. Fora pobre e, muitas vezes, em sua infância e adolescência, também desejara presentear sua mãe. Quando conseguiu emprego, ela já havia partido para o mundo espiritual. O garoto, com aquele gesto, estava mexendo nas profundezas de seus sentimentos.

Do outro lado do balcão, o menino começou a ficar ansioso. Alguma coisa parecia estar errada. Por que o homem não embrulhava logo o sabonete? Impaciente, perguntou:

— Moço, está faltando alguma coisa?

— Não — respondeu o proprietário da loja —, é que, de repente, me lembrei de minha mãe, que morreu quando eu era ainda muito jovem. Sempre quis dar-lhe um presente, mas, desempregado, nunca consegui comprar nada.

Na espontaneidade de seus doze anos, o menino perguntou:

— Nem um sabonete?

O homem se calou. Refletiu um pouco e desistiu da ideia de melhorar o presente do garoto. Embrulhou o sabonete com o melhor papel que tinha na loja, colocou uma fita e despachou o freguês, sem responder mais nada.

---
3. Alexandre Rangel (org.). *As mais belas parábolas*. Belo Horizonte: Leitura, v. II, 2004, p. 219.

A sós, pôs-se a pensar: como é que nunca pensara em dar algo tão pequeno e simples à sua mãe? Sempre entendera que presente tinha de ser alguma coisa significativa, tanto assim que minutos antes sentira piedade da singela compra e pensara em melhorar o presente daquele garoto.

Comovido, entendeu que, naquele dia, tinha recebido uma grande lição. Junto com o sabonete do menino, seguia algo mais importante e grandioso, o melhor de todos os presentes: o gesto de amor!

MÚSICAS DO ENCONTRO
(melodia: *Adoleta*)

Celebrando
a Palavra e o pão,
o amor entre os irmãos.
Sendo parte
da vida comunitária,
para a glória do Pai!
Ora – canta – serve – vive – *AMA!*

Escutando
a Palavra de Deus Pai
proclamada no ambão.
Comungando
Corpo e Sangue do Senhor
no altar do amor.
Ora – canta – serve – vive – *AMA!*

(melodia: *Pela estrada afora*)

Pelo mundo afora, eu vou bem contente
levando a Palavra de Jesus à frente.
Ela é Boa-Nova que faz tanto bem
para os que a ouvem e praticam também.[4]

---
4. Composição feita por Maria José Starling e Conceição Nogueira (Catedral Nossa Senhora da Boa Viagem, Belo Horizonte).

Colorir a roda litúrgica abaixo de acordo com as cores do tempo litúrgico apresentadas pela catequista.

"O ano litúrgico é o desdobramento dos diversos aspectos do único Mistério Pascal."[5]

O ANO LITÚRGICO

TEMPO COMUM (2ª Parte)

34 – Jesus Cristo, Rei do Universo

TEMPO COMUM (1ª Parte)

QUARESMA
- Quarta-feira de cinzas
- 1
- 2
- 3
- 4
- 5
- Domingo de Ramos

TRÍDUO PASCAL
- Quinta-feira santa
- Sexta-feira santa
- Sábado santo
- Domingo de Páscoa

TEMPO PASCAL
- 1, 2, 3, 4, 5, 6, 7
- Ascensão do Senhor
- Pentecostes
- Stma. Trindade
- Corpo e Sangue de Cristo

ADVENTO
- 1, 2, 3, 4

NATAL
- Natal
- Sagrada Família
- Santa Maria
- Epifania
- Batismo do Senhor

---
5. Catecismo da Igreja Católica, nº 1171.

CICLO DO NATAL

ADVENTO – Dá início ao ano litúrgico e antecede o Natal. A palavra "advento" significa "chegada" ou "vinda". São quatro semanas em que os cristãos esperam o Senhor que vem. Nas duas primeiras, a liturgia convida a vigiar e esperar a vinda gloriosa do Salvador. Nas duas últimas, lembrando a espera dos profetas e de Maria, prepara para celebrar o mistério da encarnação do Filho de Deus.

Início: 4 domingos antes do Natal.
Término: 24 de dezembro à tarde.
Espiritualidade: esperança e purificação da vida.
Ensinamento: anúncio da vinda do Messias e da transformação que ela traz.
Cor: roxo.

NATAL – Quando o cristianismo entrou em contato com a cultura e a religião romanas, encontrou uma festa religiosa para o "Sol", que era celebrada no dia 25 de dezembro. A tradição cristã substituiu essa antiga crença colocando na mesma data o nascimento de Jesus Cristo, pois ele é o único e verdadeiro Sol Vencedor. O verbo eterno fez-se carne e habitou entre os seus, fazendo-se irmão de todos e fazendo-nos filhos de um único Pai.

Início: na vigília do Natal, 24 de dezembro à noite.
Término: no dia do Batismo do Senhor.
Espiritualidade: fé, alegria e acolhimento.
Ensinamento: o Filho de Deus se fez humano.
Cor: branco.

Observação: No ciclo do Natal também são celebradas as festas da Sagrada Família, Santa Maria Mãe de Deus, Epifania (manifestação de Jesus como Filho de Deus) e Batismo do Senhor.

TEMPO COMUM

"O Tempo Comum não é tempo vazio. São 33 ou 34 semanas situadas entre os dois ciclos principais, caracterizadas pela cor verde, e que percorrem os mistérios da vida pública de Jesus. É o tempo em que a Igreja continua a obra de Cristo nas lutas e nos trabalhos pelo reino."[6] Celebrando diferentes acontecimentos narrados na Sagrada Escritura, o fiel aproxima-se mais e mais do mistério do amor de Deus pela humanidade.

Início 1: segunda-feira após o Batismo do Senhor.
Término 1: véspera da Quarta-feira de cinzas.

Início 2: segunda-feira após o Pentecostes.
Término 2: antes das Primeiras Vésperas do 1º Domingo do Advento.

Espiritualidade: esperança e escuta da Palavra, vivência do reino de Deus.
Ensinamento: os cristãos são o sinal do reino.
Cor: verde.

Observação: No Tempo Comum também são celebradas as festas da Santíssima Trindade; Corpo e Sangue de Cristo; Jesus Cristo, Rei do Universo (cor: branco); e Sagrado Coração de Jesus (cor: branco).

---

6. Conferência Nacional dos Bispos do Brasil (CNBB) – Documento 43, 132.

CICLO DA PÁSCOA

QUARESMA – É a preparação para a Páscoa anual. Tempo forte de conversão e penitência, jejum, esmola e oração. O povo de Deus é convocado para que se deixe renovar em santidade pelo Senhor. São quarenta dias com dupla característica:

Caráter batismal: é a última preparação para o Batismo-Crisma-Eucaristia na Vigília Pascal. A comunidade faz retiro de renovação da fé do seu Batismo (SC 109).

Caráter penitencial: não só conversão "interna e individual, mas externa e social" (SC 110). A Campanha da Fraternidade convida para a conversão a partir de um problema social onde aparece o pecado do mundo. Prepara os fiéis para a celebração do Mistério Pascal, ouvindo com mais frequência a Palavra de Deus e entregando-se à oração com mais frequência.

Não se canta o "Aleluia" e o "Glória", nem se colocam flores na Igreja. Não devem ser usados muitos instrumentos musicais.

Início: Quarta-feira de cinzas.
Término: tarde de Quinta-feira santa.
Espiritualidade: penitência e conversão.
Ensinamento: a misericórdia de Deus e a conversão.
Cor: roxo.

TRÍDUO PASCAL – O Tríduo Pascal inicia na tarde da **Quinta-feira santa**, com a celebração da Ceia do Senhor.[7] É composto também pela **Sexta-feira santa** e pelo **Sábado santo**, encerrando-se no Domingo de Páscoa. São dias em que celebramos solenemente a paixão, morte e ressurreição de Jesus. Na missa vespertina da Ceia do Senhor na Quinta-feira santa se celebra a Instituição da Eucaristia e do Sacerdócio unidos ao lava-pés. Na Sexta-feira santa celebra-se a paixão e morte de Jesus. É o único dia do ano em que não

---
7. Pela manhã são realizadas: a renovação das promessas sacerdotais, a bênção dos óleos e a consagração do Crisma.

há missa, sendo feita apenas uma celebração da Palavra com a oração universal e a comunhão. No Sábado santo ocorre a solene Vigília Pascal, a grande festa dos cristãos, a noite da vitória da vida, da festa e da alegria, pois Cristo venceu a morte e deu a todos a esperança da ressurreição. A celebração da vitória de Cristo sobre a morte continua no Domingo da Ressurreição.

PÁSCOA – É o período de cinquenta dias que vai do **Domingo de Páscoa** até o Domingo de Pentecostes. O Domingo de Páscoa, por sua importância, prolonga-se durante uma semana, chamada oitava da Páscoa. Os cinquenta dias entre esse domingo e o de Pentecostes são celebrados com muita alegria, manifestando a unidade do mistério da fé: morte, ressurreição de Cristo e envio do Espírito Santo.

Início: com o Tríduo Pascal.
Término: Pentecostes.
Espiritualidade: alegria em Cristo Ressuscitado.
Ensinamento: morrer para o pecado e ressuscitar para uma vida nova.
Cor: branco.

ASCENSÃO DO SENHOR – É celebrada uma semana antes do Pentecostes. Jesus ressuscitado volta ao Pai e, com ele, a humanidade entra na comunhão da Trindade (Pai, Filho e Espírito Santo). A missão dos cristãos continua na realidade concreta: anunciar e tornar presente o reino de Deus.
Cor: branco.

PENTECOSTES – É celebrado cinquenta dias após a Páscoa. "A vinda do Espírito Santo sobre os discípulos manifesta a riqueza da vida nova do Ressuscitado no coração e na atividade deles; início da expansão da Igreja e princípio de sua fecundidade."[8] A cor é o vermelho, que também é usado no Domingo de Ramos; na Sexta-feira santa; nas festas dos Apóstolos, dos Mártires e da Exaltação da Santa Cruz.

---

8. *Missal dominical da assembleia* cristã. São Paulo: Paulus, 1995, p. 470.

Fazer em casa com carinho

- Hoje são duas músicas para cantar e ensinar aos familiares e amigos.

- Observe os desenhos a seguir e escreva as palavras abaixo perto daquele a que cada uma estiver relacionada: Evangelho, pastor do rebanho, cálice, povo reunido, pátena, leitura, povo que celebra, presidente da celebração, pão, vinho, Salmo, irmãos na fé. Se achar difícil, peça ajuda a um adulto.

Na comunhão dos santos...

72

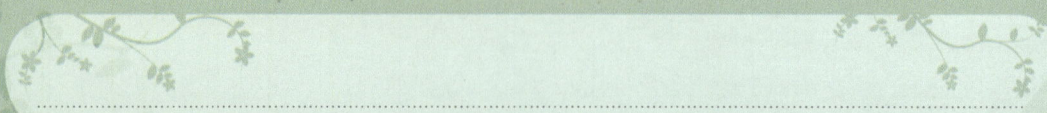

Na comunhão dos santos

- Leia a história "O sabonete" e responda às seguintes perguntas:

1. Você gostou dessa história?

2. O que aprendeu com ela?

● Ligue o desenho à palavra que representa o seu significado na liturgia.

ALEGRIA

EUCARISTIA

CRISMA

PALAVRA

LUZ

BATISMO

Propósito da semana

Faça um símbolo para dar a alguém da catequese que será indicado no próximo encontro. Esse símbolo deve significar o seu sentimento por todo o grupo.

A Palavra de Deus

A Palavra de hoje está no lindo Salmo 78(77), versículos do 1 ao 7. Leia com seus familiares e escreva aqui no livro, junto com eles, as maravilhas que Deus tem feito na vida de vocês. Depois rezem pedindo ao Senhor que você faça uma experiência profunda e bonita no dia da sua Primeira Eucaristia.

SEM MEMÓRIA NÃO HÁ FIDELIDADE
Salmo 78(77)

Povo meu, escuta a minha instrução,
dá ouvidos às palavras da minha boca.

Vou abrir minha boca em parábolas,
vou expor enigmas do passado.

O que nós ouvimos e aprendemos,
o que nos contaram nossos pais,

não o esconderemos aos filhos deles,
nós o contaremos à geração futura:
os louvores de Deus,
seu poder e as maravilhas que realizou.

Porque ele estabeleceu uma norma para Jacó
e deu uma lei para Israel:
ordenou aos nossos pais que
as transmitissem a seus filhos,

para que a geração seguinte as conhecesse,
os filhos que iriam nascer.
Que se levantem e as contem aos seus filhos,

para que ponham em Deus a sua confiança,
não se esqueçam dos feitos de Deus e
observem os seus mandamentos.

76

27º Encontro: Creio no amor que gera o perdão

"Isto é o meu sangue, o sangue da Aliança que é derramado em favor de muitos, para a remissão dos pecados."

Mt 26,28

Vidas transformadas

A PECADORA PERDOADA
Lc 7,36-50

Certo fariseu convidou Jesus para uma refeição em casa. Jesus entrou na casa do fariseu e se pôs à mesa. Apareceu então certa mulher, conhecida na cidade como pecadora. Ela, sabendo que Jesus estava à mesa na casa do fariseu, levou um frasco de alabastro com perfume. A mulher se colocou por trás, chorando aos pés de Jesus; com as lágrimas começou a banhar-lhe os pés. Em seguida, os enxugava com os cabelos, cobria-os de beijos, e os ungia com perfume. Vendo isso, o fariseu que havia convidado Jesus ficou pensando:

"Se esse homem fosse mesmo um profeta, saberia que tipo de mulher está tocando nele, porque ela é pecadora."

Jesus disse então ao fariseu:

— Simão, tenho uma coisa para dizer a você.

Simão respondeu:

— Diga, mestre.

— Certo credor tinha dois devedores. Um lhe devia quinhentas moedas de prata, e o outro lhe devia cinquenta. Como não tivessem com que pagar, o homem perdoou aos dois. Qual deles o amará mais?

Simão respondeu:

— Acho que é aquele a quem ele perdoou mais.

Jesus lhe disse:

— Você julgou certo. — Então voltou-se para a mulher e disse a Simão:

— Está vendo esta mulher? Quando entrei em sua casa, você não me ofereceu água para lavar os pés; ela, porém, banhou meus pés com lágrimas e os enxugou com os cabelos. Você não me deu o beijo de saudação; ela, porém, desde que entrei não parou de beijar meus pés. Você não derramou óleo na minha cabeça; ela, porém, ungiu meus pés com perfume. Por essa razão, eu declaro a você: os muitos pecados que ela cometeu estão perdoados porque ela demonstrou muito amor. Aquele a quem foi perdoado pouco demonstra pouco amor. — E Jesus disse à mulher:

— Seus pecados estão perdoados.

Então os convidados começaram a pensar: "Quem é este que até perdoa pecados?".

Mas Jesus disse à mulher:

— Sua fé salvou você. Vá em paz!

MÚSICA DO ENCONTRO
(melodia: *O cravo brigou com a rosa*)

Em Cristo estamos livres!
Na graça do seu perdão
a vida foi transformada,
refeita pra amar o irmão.

Fazer em casa com carinho

- Percorra o labirinto até chegar à vida de união com Deus e com os irmãos, vivência do Batismo. Forme frases com todos os atalhos falsos que você encontrar no labirinto.

Você: ....

VIDA TRANSFORMADA

Na remissão dos pecados...

● Gostou da música de hoje? Cante-a e ensine-a a alguém.

Propósito da semana

Você bem sabe como é importante ocorrer transformações na sua vida! Vencer as dificuldades e aprender é tão bom, não é? Para que essas mudanças se concretizem, é preciso pedir a Deus a graça. Por isso, esta semana você se lembrará de uma pessoa com quem tem mais dificuldade de relacionamento (um irmão, primo, colega de escola, vizinha, pai, mãe etc.) e rezará pedindo a Deus que ajude você a mudar pelo menos uma atitude diante dessa pessoa. OK?

A Palavra de Deus

Leia a história do Evangelho de Lucas que está no tema do seu livro e pense na cena da mulher lavando os pés de Jesus com as próprias lágrimas. Esse é um gesto muito bonito de humildade e amor. Marque certo (C) ou errado (E) nas frases abaixo.

O PERDÃO É:

☐ Prova de um grande amor pelo próximo.

☐ Uma atitude desnecessária.

☐ Restaurador de quem perdoa e de quem é perdoado.

☐ Algo que não se deve dar a ninguém.

☐ Quem errou tem que pagar caro.

☐ Uma maravilha que enche a vida das pessoas de luz e alegria.

☐ É bom ter preconceito com quem erra.

☐ Um gesto muito importante nas relações humanas.

28º Encontro: Reconciliação e Unção, caminhos de cura

"Reconciliai-vos com Deus."
2Cor 5,20

Ternura e vigor

RECONCILIAI-VOS COM DEUS
(Reginaldo Veloso)[1]

Reconciliai-vos com Deus! Em nome de Cristo rogamos,
que não recebais em vão sua graça, seu perdão;
Eis o tempo favorável, o dia da salvação!

Quem tem sede vem à fonte, quem tem fome vem à mesa.
Vinho, trigo, leite e mel, comereis manjar do céu!

Vinde, vinde, e, se me ouvirdes, vida nova vivereis,
aliança nós faremos, minhas promessas cumprirei!

Um sinal de vós farei, das nações sereis o guia,
chamareis os que estão longe e virão todos um dia!

Ao Senhor vinde e buscai, pois se deixa encontrar.
Ao Senhor, vinde, invocai, pois tão perto ele está!

O mau deixe sua maldade, pecador deixe seus planos.
Ao Senhor volte e verá o perdão dos seus enganos!

Meu pensar não é o vosso, vosso agir não é o meu,
tão distantes um do outro, quanto a terra está do céu!

Como a chuva cai do céu e não volta sem molhar,
sem encher de vida o chão, sem nos dar o trigo e o pão!

Assim faz minha palavra, nunca volta a mim em vão,
sem fazer minha vontade, sem cumprir sua missão!

Partireis com alegria e em paz caminhareis,
pelos montes, pelos bosques, aclamados passareis!

Os espinhos do facheiro, galhos de pau-d'arco em flor.
O sertão, verde canteiro, glória eterna ao Senhor!

Na remissão dos pecados...

---
1. CD *Liturgia XIII – Quaresma Ano A*. São Paulo: Paulus. Coleção Cantos do Hinário Litúrgico da CNBB.

MÚSICA DO ENCONTRO
(melodia: *Olê mulher rendeira* ou *Ciranda cirandinha*)

Senhor, o teu amor
nos cura e liberta,
pra quem cai na enfermidade
ou não segue a trilha certa.

O Pai estende a mão,
no Espírito levanta
pra viver como o seu Filho
sendo irmãos em aliança.

RECEITA DE RECICLAGEM
Porta-treco

Feito com garrafa pet de refrigerante (escolher aquela que possui frisos verticais conforme as instruções abaixo).

1º passo – Com uma tesoura, eliminar a parte superior da garrafa fazendo um corte no sentido horizontal, logo abaixo da faixa lisa. Peça ajuda à catequista.

2º passo – Na parte de baixo fazer cortes, no sentido vertical da garrafa, nos frisos, de forma alternada (um friso sim, um friso não), até a altura da "cintura" da garrafa. É importante que todos os cortes fiquem na mesma altura, para que o pote possa fechar depois de pronto.

3º passo – Arredondar as bordas de cada tira que se formou após os cortes.

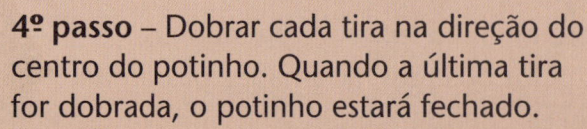

4º passo – Dobrar cada tira na direção do centro do potinho. Quando a última tira for dobrada, o potinho estará fechado.

5º passo – Pintar o potinho de acordo com sua criatividade, usando tinta relevo dimensional (opcional).

Fazer em casa com carinho

- Ligue os pontos para formar o desenho e dê um título a ele.

Na remissão dos pecados...

83

● Você vai conhecer um pouco do Rito Penitencial que vivenciará daqui a alguns dias. Escolha o momento certo (pode ser à noite antes de você se deitar) e um lugar tranquilo (seu quarto ou outro espaço da casa). O importante é se preparar, levar a sério o que vai ser feito. Leia com muito carinho e atenção e faça o que propõe o ritual, para preparar melhor a sua confissão, através do Exame de Consciência que está aqui no livro.

RITO PENITENCIAL

† Comece com "Em nome do Pai, do Filho e do Espírito Santo".

† Esse primeiro momento servirá para você tomar consciência dos seus pecados, arrepender-se e pedir perdão.

† Leia estas preces e observe quais atitudes você tem feito. Lembre-se de outras que não estão escritas aqui.

Muitas vezes não me comporto como filho e filha de Deus.
T: Mas Deus me ama e me procura.

Aborreço meus pais e mestres.
T: Mas Deus me ama e me procura.

Brigo com meus companheiros e falo mal deles.
T: Mas Deus me ama e me procura.

Sou preguiçoso(a) em casa e na escola e não ajudo meus pais, irmãos e colegas.
T: Mas Deus me ama e me procura.

Inventei mentiras.
T: Mas Deus me ama e me procura.

Não fiz o bem quando podia.
T: Mas Deus me ama e me procura.

Deus, que fez brilhar a luz em seu coração, lhe conceda a graça de reconhecer os pecados e a grandeza de sua misericórdia.
(silêncio para lembrar e arrepender-se dos pecados)

Palavra do Senhor

(leia com o coração confiante)

Evangelho de Nosso Senhor Jesus Cristo segundo São Lucas (15,1-7)

Naquele tempo, todos os cobradores de impostos e pecadores se aproximavam de Jesus para o escutar. Mas os fariseus e os doutores da lei criticavam a Jesus, dizendo: "Esse homem acolhe pecadores, e come com eles!". Então Jesus contou-lhes esta parábola: Se um de vocês tem cem ovelhas e perde uma, será que não deixa as noventa e nove no campo para ir atrás da ovelha que se perdeu, até encontrá-la? E quando a encontra, com muita alegria coloca nos ombros. Chegando em casa, reúne amigos e vizinhos, para dizer: Alegrem-se comigo! Eu encontrei a minha ovelha que estava perdida. E eu lhes declaro: assim, haverá no céu mais alegria por um só pecador que se converte, do que por noventa e nove justos que não precisam de conversão.

— Palavra do Senhor!
T: Graças a Deus.

Confissão dos pecados e aceitação da penitência

(para rezar e corrigir o erro)

O padre costuma pedir que reze o ato de contrição, que é um reconhecimento diante do Pai do mal que se praticou, do bem que se deixou de fazer, um pedido de perdão e um propósito para mudança de vida. Você pode rezar com suas próprias palavras ou aprender com o seguinte texto:

Pai, arrependo-me de ter praticado o mal,
e não ter feito o bem.
Vou me esforçar para me corrigir
(aqui se exprime um propósito determinado)
e caminhar na vossa luz.

Oração do penitente e absolvição

O padre, com as mãos estendidas sobre a cabeça do penitente, diz:
— Deus, Pai de misericórdia, que pela morte e ressurreição de seu Filho reconciliou o mundo consigo e enviou o Espírito Santo para a remissão dos pecados, lhe conceda pelo ministério da Igreja o perdão e a paz. Eu o(a) absolvo dos seus pecados em nome do Pai, do Filho e do Espírito Santo.
T: Amém.

— Dai graças ao Senhor porque ele é bom.
— Porque a sua misericórdia é eterna.
— O Senhor perdoou os seus pecados. Vá em paz.

✝ Rezar o Pai-nosso em agradecimento a Deus pela graça do perdão e cantar a música do encontro.

Propósito da semana

A primeira confissão é para uma mudança de vida. Durante esta semana vá se preparando, reconhecendo dia a dia suas falhas e anotando-as no papel. De vez em quando volte ao ritual, leia. Peça a graça de Deus para que você consiga tomar consciência de atitudes pelas quais quer pedir perdão e que necessitam de mudança.

A Palavra de Deus

Leia o Evangelho de Lucas, capítulo 5, versículos do 17 ao 26, faça o caça-palavras da página ao lado e abaixo dele escreva as atitudes boas que viu nesse texto. Dessas atitudes, quais as que você precisa aprender?

> Certo dia, Jesus estava ensinando. Estavam sentados fariseus e doutores da lei, vindos de todos os povoados da Galileia, da Judeia, e até de Jerusalém. E o poder do Senhor estava em Jesus, fazendo-o realizar curas. Chegaram então algumas pessoas, trazendo, numa cama, um homem que estava paralítico; tentavam colocá-lo diante de Jesus, mas por causa da multidão não conseguiram fazê-lo. Subiram então ao terraço e, através das telhas, desceram o homem com a cama, no meio das pessoas, diante de Jesus. Vendo a fé que eles tinham, Jesus disse: "Homem, seus pecados estão perdoados". Pois bem: para vocês ficarem sabendo que o Filho do Homem tem poder para perdoar pecados — disse Jesus ao paralítico —, eu ordeno a você: "Levante-se, pegue a sua cama, e volte para casa". No mesmo instante, o homem se levantou diante deles, pegou a cama onde estava deitado, e foi para casa, louvando a Deus.

Na remissão dos pecados...

1. O que Jesus perdoou naquele homem?
2. O que estava com Jesus que era dado por Deus?
3. De onde vinham os doutores da lei?
4. O que Jesus estava fazendo ali?
5. Quem atrapalhava o paralítico de ver Jesus?
6. O que Jesus fazia com o poder que vinha de Deus?
7. O que aquelas pessoas possuíam que fez com que Jesus curasse o paralítico?

```
F D A S V H D E X V B T E J E N R Q A S
B R P Y I O P A D I K Z X C V B D Y H F
N S O F G W J K U R D C U R A B I S S É
B D V G B G N S J E L I L M E D N X C A
N A O R D M F A G T H Y T U L E M S A S
O O A H G E V N N W L P A X S Z P Q R D
N E D D C I B N T A F E D Q W E M G N C
O Z O C V B N M H G D C O Q W E B T Y C
P K S B R T M I O P A A U E T R V W Q R
M N H J K Y U F D C V D E I S F D A S I
S A Z M E R L I C O Ã O U T H B R T P S
V L O D I R T I T A H S B O T N S W O T
N V X A A W I R T Y U I O J H B D E D O
L Q R I Ã D D G H J K L J O U N A V E R
D C A N J B Ã S S E É U M P T O O I R T
L C U P W E O T Y U I O P Z X N E S D M
O S F Q B N M Z A E N S I N A N D O R X
W I O M Ã O F R T Y U I J N A F G M I R
R A I R D M F A G T H Y T U L E M S A S
```

88

29º Encontro: Creio na ressurreição da carne

"Eu sou a ressurreição e a vida. Quem crer em mim, ainda que morra, viverá."
Jo 11,25

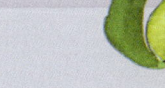

Deus será tudo em todos

A PIPOCA[1]
(Rubem Alves)

[...]
A pipoca é um milho mirrado, subdesenvolvido. O fato é que, sob o ponto de vista de tamanho, os milhos da pipoca não podem competir com os milhos normais. Não sei como isso aconteceu, mas o fato é que houve alguém que teve a ideia de debulhar as espigas e colocá-las numa panela sobre o fogo, esperando que assim os grãos amolecessem e pudessem ser comidos. Havendo fracassado a experiência com água, tentou a gordura. O que aconteceu, ninguém jamais poderia ter imaginado. Repentinamente os grãos começaram a estourar, saltavam da panela com uma enorme barulheira. Mas o extraordinário era o que acontecia com eles: os grãos duros quebra-dentes se transformavam em flores brancas e macias que até as crianças podiam comer. O estouro das pipocas se transformou, então, de uma simples operação culinária, em uma festa, brincadeira, molecagem, para os risos de todos, especialmente as crianças. É muito divertido ver o estouro das pipocas!

[...] É que a transformação do milho duro em pipoca macia é símbolo da grande transformação porque devem passar os homens para que eles venham a ser o que devem ser. O milho da pipoca não é o que deve ser. Ele deve ser aquilo que acontece depois do estouro. O milho da pipoca somos nós: duros, quebra-dentes, impróprios para comer, pelo poder do fogo podemos, repentinamente, nos transformar em outra coisa — voltar a ser crianças!

Mas a transformação só acontece pelo poder do fogo. Milho de pipoca que não passa pelo fogo continua a ser milho de pipoca, para sempre. Assim acontece com a gente. As grandes transformações acontecem quando passamos pelo fogo. Quem não passa pelo fogo fica do mesmo jeito, a vida inteira. São pessoas de uma mesmice e dureza assombrosa. Só que elas não percebem. Acham que o seu jeito de ser é o melhor jeito de ser. Mas, de repente, vem o fogo. O fogo é quando a vida nos lança numa situação que nunca imaginamos. Dor. Pode ser fogo de fora: perder um amor, perder um filho, ficar

---
1. Trechos da crônica "A pipoca", in: Rubem Alves. *O amor que acende a lua*. 14ª ed. São Paulo: Papirus, 2010, p. 59.

doente, perder um emprego, ficar pobre. Pode ser fogo de dentro. Pânico, medo, ansiedade, depressão — sofrimentos cujas causas ignoramos. Há sempre o recurso aos remédios. Apagar o fogo. Sem fogo o sofrimento diminui. E com isso a possibilidade da grande transformação.

Imagino que a pobre pipoca, fechada dentro da panela, lá dentro ficando cada vez mais quente, pense que sua hora chegou: vai morrer. De dentro de sua casca dura, fechada em si mesma, ela não pode imaginar destino diferente. Não pode imaginar a transformação que está sendo preparada. A pipoca não imagina aquilo de que ela é capaz. Aí, sem aviso prévio, pelo poder do fogo, a grande transformação acontece: pum! — e ela aparece como outra coisa, completamente diferente, que ela mesma nunca havia sonhado. É a lagarta rastejante e feia que surge do casulo como borboleta voante.

Na simbologia cristã o milagre do milho de pipoca está representado pela morte e ressurreição de Cristo: a ressurreição é o estouro do milho de pipoca. É preciso deixar de ser de um jeito para ser de outro. "Morre e transforma-te!" — dizia Goethe.

Em Minas, todo mundo sabe o que é piruá. [...] Piruá é o milho de pipoca que se recusa a estourar. [...] Piruás são aquelas pessoas que, por mais que o fogo esquente, se recusam a mudar. Elas acham que não pode existir coisa mais maravilhosa do que o jeito delas serem. Ignoram o dito de Jesus: "Quem preservar a sua vida perdê-la-á". A sua presunção e o seu medo são a dura casca do milho que não estoura. O destino delas é triste. Vão ficar duras a vida inteira. Não vão se transformar na flor branca macia. Não vão dar alegria para ninguém. Terminado o estouro alegre da pipoca, no fundo da panela ficam os piruás que não servem para nada. Seu destino é o lixo.

Quanto às pipocas que estouraram, são adultos que voltaram a ser crianças e que sabem que a vida é uma grande brincadeira... "Nunca imaginei que chegaria um dia em que a pipoca iria me fazer sonhar. Pois foi precisamente isso que aconteceu."

MÚSICA DO ENCONTRO
(melodia: *Escravos de Jó*)

Os filhos de Deus irão ressuscitar. (bis)
Dessa vida para uma melhor vão passar.
O Pai com seu abraço nos acolhe no seu lar. (bis)

Fazer em casa com carinho

- Escreva corretamente a frase invertida no espelho nas linhas abaixo.

"EU CREIO QUE TU ÉS O CRISTO, O FILHO DE DEUS."
(Jo 11,27)

- Seria ótimo que você fizesse na sua casa um pouco de pipoca junto com seus pais, contando tudo o que aprendeu na catequese.

- Brinque com alguém ensinando a música de hoje.

Propósito da semana

Procure lembrar-se de algum conhecido que morreu (vizinho, parente, colega), reze por essa pessoa e peça que ela esteja no abraço do Pai.

Na ressurreição da carne...

A Palavra de Deus

Olhe que interessante a Palavra de hoje! Ela traz o texto da Primeira Carta aos Coríntios, capítulo 15, versículos do 12 ao 26. Leia com atenção, relembrando o encontro da catequese, e faça a cruzadinha.

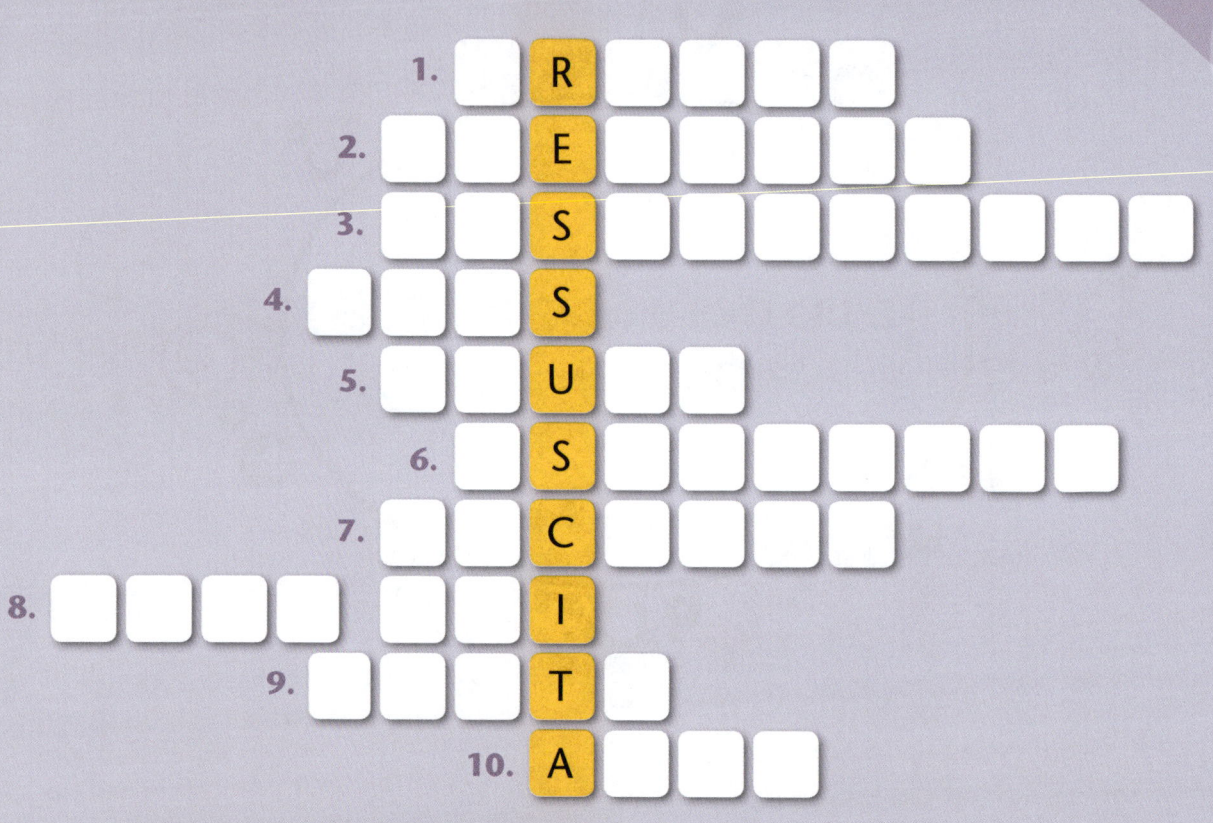

1. Quem primeiro ressuscitou dos mortos?
2. E, se alguém fala que Cristo não ressuscitou, a sua .... e fé são vazias.
3. Se os mortos não ressuscitam, então somos .... falsas.
4. Quem ressuscitou Cristo?
5. Cristo ressuscitou como primeiro ....
6. Somos os seres mais infelizes se a nossa .... é só para esta vida.
7. Os que acham que Cristo não ressuscitou continuam com seus ....
8. A quem Cristo entregará o reino?
9. O último inimigo a ser destruído será a ....
10. Como em .... todos morrem, em Cristo todos ressuscitam.

30º Encontro: A herança é a vida eterna

"Ora, a vida eterna é esta: que eles conheçam a ti, o único Deus verdadeiro, e aquele que tu enviaste, Jesus Cristo."

Jo 17,3

Faça isso, e viverá

O BOM SAMARITANO
O passo para ter a vida eterna
Lc 10,25-37

Um especialista em leis se levantou e, para tentar Jesus, perguntou:

— Mestre, o que devo fazer para receber em herança a vida eterna?

Jesus lhe disse:

— O que é que está escrito na lei? Como você lê?

Ele então respondeu:

— Ame o Senhor seu Deus com todo o seu coração, com toda a sua alma, com toda a sua força e com toda a sua mente; e ao seu próximo como a si mesmo.

Jesus lhe disse:

— Você respondeu certo. Faça isso, e viverá!

Mas o especialista em leis, querendo se justificar, disse a Jesus:

— E quem é o meu próximo?

Jesus respondeu:

— Um homem ia descendo de Jerusalém para Jericó e caiu nas mãos de assaltantes, que lhe arrancaram tudo e o espancaram. Depois foram embora, e o deixaram quase morto. Por acaso um sacerdote estava descendo por aquele caminho; quando viu o homem, passou adiante, pelo outro lado. O mesmo aconteceu com um levita: chegou ao lugar, viu e passou adiante, pelo outro lado. Mas um samaritano, que estava viajando, chegou perto dele, viu e teve compaixão. Aproximou-se dele e fez curativos, derramando óleo e vinho nas feridas. Depois colocou o homem em seu próprio animal e o levou a uma pensão, onde cuidou dele. No dia seguinte, pegou duas moedas de prata e as entregou ao dono da pensão, recomendando: "Tome conta dele. Quando eu voltar, vou pagar o que ele tiver gasto a mais".

E Jesus perguntou:

— Na sua opinião, qual dos três foi o próximo do homem que caiu nas mãos dos assaltantes?

O especialista em leis respondeu:

— Aquele que praticou misericórdia para com ele.

Então Jesus lhe disse:

— Vá e faça a mesma coisa.

Na vida eterna...

MÚSICA DO ENCONTRO
(melodia: *Peixe vivo*)

Como viver neste mundo e ganhar a vida eterna? (bis)
Estendendo a nossa mão e cuidando dos irmãos.
Aprendendo todo dia a viver com alegria,
no amor, na compaixão, no serviço e no perdão.

ROTEIRO PARA A ATUALIZAÇÃO DA PARÁBOLA

O que deve ser feito para receber em herança a vida eterna e começar a vivê-la desde já?

Especialista em leis: alguém que "sabe" dos deveres da religião, mas não pratica o amor.

Jesus: o que ensina a fazer o bem.

Quem é o "próximo": quem são os excluídos hoje?

Descida de Jerusalém para Jericó: pensar em um lugar perigoso, onde costuma ocorrer assaltos.

Os assaltantes: a realidade vivida nas cidades.

O homem caído: não se sabe quem é. Pode estar irreconhecível e ser um mendigo, um estrangeiro, uma pessoa que passa mal na rua etc.

O sacerdote: uma figura religiosa, que talvez tenha um compromisso na comunidade que o impede de parar. O culto fica acima do amor.

Levita: alguém de posição social (pode ser um juiz, promotor, engenheiro, empresário etc.). Coloca reservas e limites ao amor.

Samaritano: naquela época era alguém desprezado pelo judeu. Também tem mais o que fazer, mas tem outra atitude: parar e ajudar. Observar os gestos concretos de amor: qual seria esse passo a passo numa situação atual?

Hospedeiro: alguém que está num lugar propício ao cuidado (pode ser a comunidade de fé, um hospital, um albergue ou uma entidade social) e se dispõe a continuar o tratamento que o outro começou e o incentivou a dar.

Próximo é aquele de quem se aproxima.
Para Jesus são todas as pessoas. Ele ama sem distinção
e chama cada um de vocês a fazer o mesmo.
E aí, criança, quem é o seu próximo?

Fazer em casa com carinho

- Faça com muito carinho esta cruzadinha, para isso complete as frases abaixo após a leitura da parábola do bom samaritano que está no tema deste capítulo. Cante a música de hoje para se inspirar.

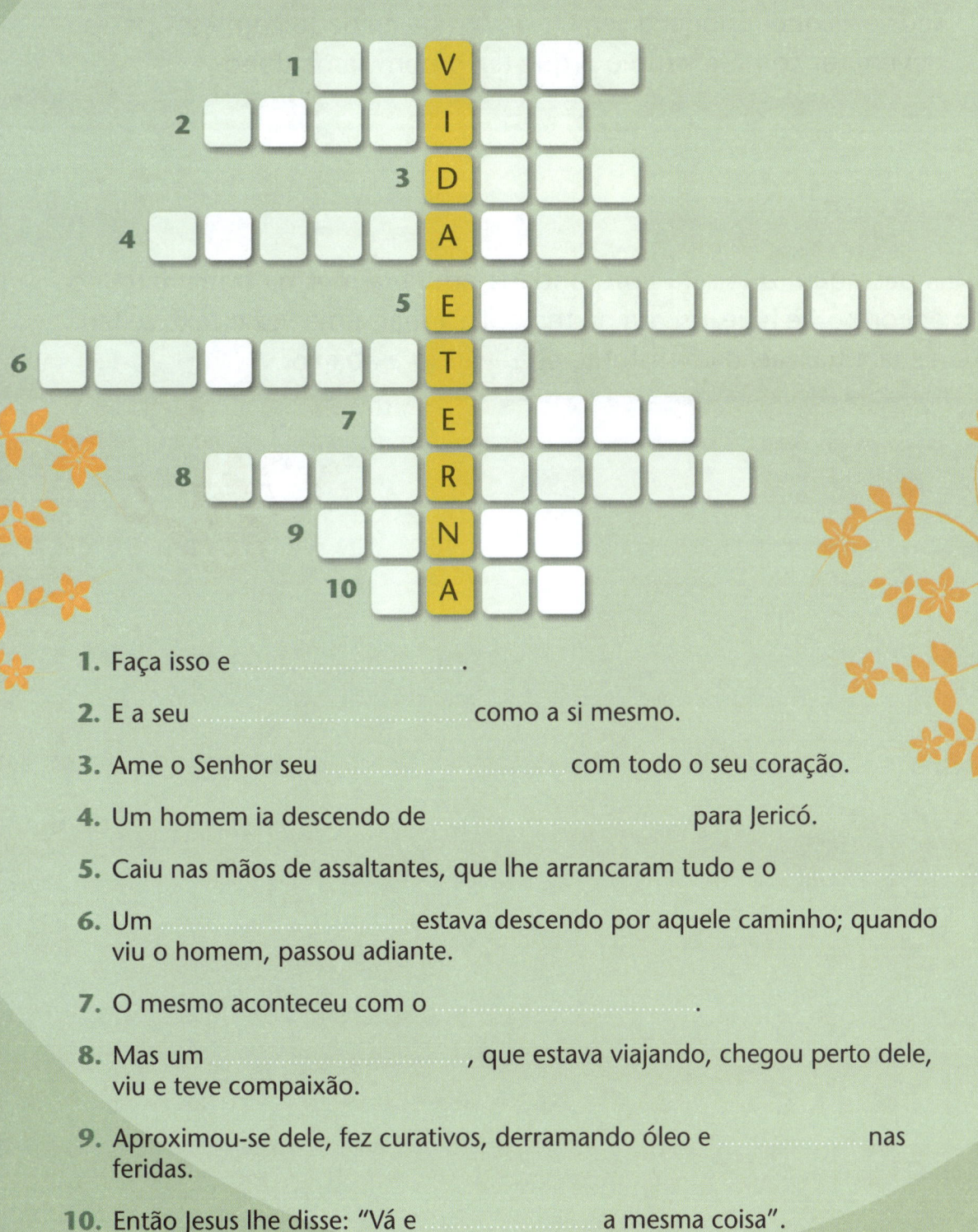

Na vida eterna...

1. Faça isso e ....
2. E a seu .... como a si mesmo.
3. Ame o Senhor seu .... com todo o seu coração.
4. Um homem ia descendo de .... para Jericó.
5. Caiu nas mãos de assaltantes, que lhe arrancaram tudo e o ....
6. Um .... estava descendo por aquele caminho; quando viu o homem, passou adiante.
7. O mesmo aconteceu com o ....
8. Mas um ...., que estava viajando, chegou perto dele, viu e teve compaixão.
9. Aproximou-se dele, fez curativos, derramando óleo e .... nas feridas.
10. Então Jesus lhe disse: "Vá e .... a mesma coisa".

95

Propósito da semana

Esta semana você fará o gesto de aproximar-se de alguém que não seja naturalmente muito próximo, como parente, amigo, colega, e esteja precisando de atenção, carinho ou cuidado. Pergunte aos seus pais quem poderia ser. Os gestos de cuidado com essa pessoa devem ter como exemplo o que fez o bom samaritano.

A Palavra de Deus

A passagem que será aprofundada aqui é a mesma trabalhada no encontro de hoje, escrita no tema. Leia mais uma vez o texto e faça a sua atualização da história, escrevendo-a abaixo.

31º Encontro: O rito da Primeira Eucaristia

"Que os povos te celebrem, ó Deus, que todos os povos te celebrem."
Sl 67(66),4

Este pão é tua vida

31

Na vida eterna...

REPARTE AMOR!
(Dom Hélder)

Reparte teu pão,
porque há irmãos famintos,
que não podem esperar...
Reparte justiça,
porque há irmãos oprimidos
cansados de tanto esperar...
Reparte amor,
porque a Terra inteira
anda sedenta de compreensão
e de amor — Amor.

MÚSICA DO ENCONTRO
(melodia: *Teresinha de Jesus*)

Na Primeira Eucaristia
comungamos com amor
Corpo e Sangue do Senhor
que na ceia nos deixou.

Este pão é refeição,
alimento para a vida,
nos dá força e sustenta,
nos ensina a partilha.

CELEBRAÇÃO EUCARÍSTICA

Animadora[1]:

Este é um momento especial, crianças. Ele vai marcar a história da caminhada de fé de vocês. Após ouvirem a Palavra de Deus vocês receberão o Corpo e o Sangue de Jesus. A comunidade se reúne e celebra alegremente com vocês, pedindo ao Senhor que perseverem no seguimento. Agradeçamos ao Pai o amor que nos chama e no seu Filho alimenta e sacia a fome e a sede de vida plena.

RITOS INICIAIS

▸ Eucaristia *é a ação ritual de dar graças!*

Canto de entrada
(entrada da equipe litúrgica)

▸ *O beijo no altar, dado pelo padre, é sinal da mais profunda reverência a Cristo (a pedra angular). É o altar o próprio Cristo, centro de todo o edifício.*

▸ *O sinal da cruz é um gesto de abertura da ação litúrgica. É em nome da Trindade (Pai, Filho e Espírito Santo) que a comunidade se reúne para ouvir a Palavra e celebrar a Eucaristia.*

▸ *A palavra "Amém" é de origem hebraica e significa "concordo!", "confirmo!", "asseguro!", "é isto que eu quero!", "aceito!", "creio!".*

P: Em nome do Pai, do Filho e do Espírito Santo.
T: Amém!

---

1. Adaptação do rito da Primeira Comunhão da Catedral Nossa Senhora da Boa Viagem, Belo Horizonte, Minas Gerais.

Acolhida: **Presidente**

▶ *A saudação e a resposta do povo exprimem o mistério da Igreja reunida. É um diálogo que se inicia.*

P: Queridas crianças, pais, parentes, amigos e toda a comunidade aqui reunida, hoje estamos muito contentes. Durante um bom tempo vocês se prepararam: o desejo ia crescendo no coração. Agora chega o grande dia: vocês participarão plenamente da Eucaristia, entrando em comunhão de amor com Deus e com os irmãos. É o "sim" de vocês ao seguimento de Cristo.
T: Jesus se torna alimento da nossa vida.

P: A graça e a paz de Deus nosso Pai, de Jesus nosso irmão e o amor do Espírito Santo que nos une em comunhão estejam com vocês.
T: Bendito seja Deus, que nos reuniu no amor de Cristo.

Ato penitencial

▶ *Ao iniciar a celebração eucarística, a Igreja se dispõe, com abertura de coração, a reconhecer-se povo santo e pecador com humildade e confiança e confessar a misericórdia de Deus e o Cristo que salva.*

P: Num instante de silêncio, vamos reconhecer que a nossa vida nem sempre se pareceu com a de Jesus de Nazaré, que passou fazendo o bem e amando. Peçamos perdão a Deus, confiando na sua misericórdia.
— Senhor, tende piedade de nós!
— Cristo, tende piedade de nós!
— Senhor, tende piedade de nós!

P: Deus todo-poderoso, tenha compaixão de nós, perdoe os nossos pecados e nos conduza à vida eterna.
T: Amém!

Glória

▶ *O Glória é um hino doxológico (de louvor/glorificação) que canta a glória do Pai e do Filho. Porém, o Filho se mantém no centro do louvor, da aclamação e da súplica. Movida pela ação do Espírito Santo, a assembleia entoa esse hino, que tem sua origem no canto dos anjos que ressoou nos ouvidos dos pastores de Belém, na noite do nascimento de Jesus (cf. Lc 2,4).[2]*

---
2. Frei Joaquim Fonseca. *Cantando a missa e o ofício divino.* São Paulo: Paulus, 2004.

Glória a Deus nas alturas! E paz na terra aos homens por ele amados.
Senhor Deus, rei dos céus, Deus Pai todo-poderoso.
Nós vos louvamos, nós vos bendizemos, nós vos adoramos,
nós vos glorificamos, nós vos damos graças por vossa imensa glória.
Senhor Jesus Cristo, Filho unigênito.
Senhor Deus, Cordeiro de Deus, Filho de Deus Pai.
Vós que tirais o pecado do mundo, tende piedade de nós.
Vós que tirais o pecado do mundo, acolhei a nossa súplica.
Vós que estais à direita do Pai, tende piedade de nós.
Só vós sois o Santo, só vós o Senhor.
Só vós o Altíssimo, Jesus Cristo.
Com o Espírito Santo, na glória de Deus Pai. Amém!

Oração do dia (Coleta)

> *No oremos, o sacerdote convida o povo a rezar no seu coração e em silêncio. Ele ora com os braços estendidos, reúne ou "coleta" as orações dos fiéis e as apresenta a Deus Pai, por Cristo, no Espírito.*

P: Oremos: Ó Deus, que edificais o vosso templo eterno com pedras vivas e escolhidas, difundi na vossa Igreja o Espírito que lhe destes, para que o vosso povo cresça sempre mais. Por nosso Senhor Jesus Cristo, vosso Filho, na unidade do Espírito Santo.
T: Amém!

LITURGIA DA PALAVRA

> *A Mesa da Palavra é tão importante na celebração eucarística quanto a Mesa da Eucaristia. O Salmo é a resposta da assembleia à leitura proclamada e no Evangelho, é o próprio Cristo que fala aos fiéis.*

Primeira Leitura

Salmo

Segunda Leitura

Evangelho

Homilia: *ajuda a comunidade a interpretar e atualizar a Boa-Nova do reino e aderir a ela.*

Profissão de fé: *a Palavra proclamada, ouvida, entendida e acolhida faz o cristão se comprometer corajosamente. Nessa oração (Credo) se professa um resumo daquilo em que cremos.*

Preces: *súplica a Deus Pai ou ao Filho pelas necessidades da comunidade, inspiradas na Palavra ouvida e meditada.*

P: Apresentemos a Deus com confiança e humildade as nossas preces.

P: Ó Deus de bondade, acolhei as preces de vossa família, derramando sobre nós as vossas bênçãos. Por Cristo nosso Senhor. Amém!

LITURGIA EUCARÍSTICA

▶ *Entregar, com Jesus, a vida ao Pai, selar o encontro com o Senhor. O Mistério Pascal de Cristo anunciado na Palavra é realizado na Liturgia Eucarística.*

Procissão das Oferendas

▶ *Pão e vinho são alimentos trazidos e colocados sobre o altar. Eles simbolizam a realidade humana de dores e alegrias, fracassos e vitórias, forças e debilidades. São frutos da terra e do trabalho humano, que para todos se transformarão em alimento da salvação.*

Canto das Oferendas

P: Orai, irmãos, para que o nosso sacrifício seja aceito por Deus Pai todo-poderoso!

T: Receba, ó Senhor, por tuas mãos, este sacrifício, para a glória de seu nome, para o nosso bem e de toda a santa Igreja!

P: Olhai, ó Deus, com bondade, as oferendas que colocamos diante de vós, e seja para vossa glória a celebração que realizamos. Por Cristo, nosso Senhor!

T: Amém!

Oração Eucarística I para missa com crianças

▸ *A Oração Eucarística é uma grande e solene prece de aliança, enraizada nas bênçãos judaicas, particularmente nas de alimento. A ceia pascal judaica começa por uma ação de graças, uma bênção, seguida de uma súplica, para que Deus continue sendo bom para com o seu povo. Dar graças e bendizer têm o mesmo significado de dizer quanto é belo, quanto é bom o presente que ele oferece. Juntos, lembrar e agradecer ao Pai as maravilhas que ele fez na pessoa de Jesus, no mistério de sua morte.*[3]

Saudação

▸ *A Oração Eucarística começa com a saudação ou o diálogo invitatório (convite), que tem a função de estabelecer a relação entre a assembleia e Deus:*

a) *"O Senhor esteja convosco" — É uma invocação da bênção divina sobre a assembleia, que, junto com o presidente, sabe que essa é a oração mais comprometedora da Igreja. E para tal é necessária a consciência da presença divina.*

b) *"Corações ao alto" — O convite para elevar os corações supõe a disposição, a concentração e o direcionamento de todo o ser para o Deus, amigo da humanidade.*

c) *"Demos graças ao Senhor nosso Deus" — Por tudo o que o Pai fez por Cristo no Espírito. A ele são devidos todos os louvores e toda a glorificação.*

P: O Senhor esteja convosco!
T: Ele está no meio de nós.

P: Corações ao alto!
T: O nosso coração está em Deus.

P: Demos graças ao Senhor nosso Deus!
T: É nosso dever e nossa salvação.

---

3. Maria de Lourdes Zavarez. *Liturgia em mutirão – Subsídios para a formação.* CNBB, 2007, p. 132.

Prefácio

> É o elo entre a Mesa da Palavra e a Mesa Eucarística. Belo hino de exaltação a Deus, em que a comunidade louva e agradece em união com todos os anjos e santos e toda a criação, expressando assim a obra da salvação presente na ação eucarística. "Render graças" tem o significado de confessar, reconhecer uma situação de fato.

P: Deus nosso Pai, vós nos reunistes e aqui estamos todos juntos para celebrar vossos louvores com o coração em festa. Nós vos louvamos por todas as coisas bonitas que existem no mundo e também pela alegria que dais a todos nós. Nós vos louvamos pela luz do dia e por vossa Palavra que é nossa luz. Nós vos louvamos pela terra onde moram todas as pessoas. Obrigado pela vida que de vós recebemos.

T: O céu e a terra proclamam a vossa glória! Hosana nas alturas!

P: Sim, ó Pai, vós sois muito bom: amais a todos nós e fazeis por nós coisas maravilhosas. Vós sempre pensais em todos e quereis ficar perto de nós. Mandastes vosso Filho querido para viver no meio de nós. Jesus veio para nos salvar: curou os doentes, perdoou os pecadores. Mostrou a todos o vosso amor, ó Pai; acolheu e abençoou as crianças.

T: Bendito o que vem em nome do Senhor. Hosana nas alturas!

P: Nós não estamos sozinhos para cantar vossos louvores. Estamos bem unidos com a Igreja inteira: com o Papa N., com o Bispo N. e com todos os nossos irmãos.

T: Bendito o que vem em nome do Senhor. Hosana nas alturas!

P: No céu também, ó Pai, todos cantam o vosso louvor: Maria, Mãe de Jesus, os apóstolos, os anjos e os santos vossos amigos. Nós aqui na terra, unidos a eles, com todas as crianças do mundo, suas famílias, alegres cantamos (dizendo) a uma só voz:

T: Santo, santo, santo. Senhor, Deus do universo. O céu e a terra proclamam a vossa glória. Hosana nas alturas! Bendito o que vem em nome do Senhor! Hosana nas alturas!

Na vida eterna...

Súplica

▶ *Celebrar a Eucaristia é construir a Igreja. Essa é a súplica do padre ao Pai, para que ele santifique as oferendas já apresentadas, enviando o Espírito Santo para que sejam transubstanciadas no Corpo e Sangue de Cristo e os comungantes se transubstanciem num só Corpo e num só Espírito.*

P: Pai, para vos dizer muito obrigado, trouxemos este pão e este vinho: pedimos que mandeis vosso Espírito Santo para que nossas ofertas se tornem Corpo e Sangue de Jesus, vosso Filho querido. Assim, ó Pai, vos oferecemos o mesmo dom que vós nos dais.

T: Bendito sejais, Senhor Jesus!

Narrativa da instituição

▶ *É o coração da prece eucarística, recorda os gestos e as palavras de Jesus na Última Ceia (cf. Lc 22,19-20).*

P: Jesus, antes da sua morte, pôs-se à mesa com os apóstolos, tomou o pão nas mãos e, rezando, deu graças. Depois partiu o pão e o deu a seus amigos, dizendo:
TOMAI, TODOS, E COMEI: ISTO É O MEU CORPO QUE SERÁ ENTREGUE POR VÓS.

T: Bendito sejais, Senhor Jesus!

P: Antes de terminar a ceia, Jesus pegou o cálice de vinho e agradeceu de novo. Depois o deu a seus amigos, dizendo:
TOMAI, TODOS, E BEBEI: ESTE É O CÁLICE DO MEU SANGUE, O SANGUE DA NOVA E ETERNA ALIANÇA, QUE SERÁ DERRAMADO POR VÓS E POR TODOS PARA REMISSÃO DOS PECADOS. FAZEI ISTO EM MEMÓRIA DE MIM.

T: Bendito sejais, Senhor Jesus!

A oferta do memorial eucarístico

▷ *A Igreja, em oração, adere ao mandamento de Jesus: "Fazei isto (a celebração da Eucaristia) em memória de mim". Memorial e oferta sacramental do Corpo e do Sangue do Senhor constituem para a comunidade a garantia de sua oração.*

P: Nesta reunião fazemos o que Jesus mandou. Lembramos a morte e ressurreição de Jesus que vive no meio de nós. Oferecemos, também, este Pão que dá a vida e este Cálice da nossa salvação. Junto com Jesus, ó Pai, entregamos a nossa vida em vossas mãos.
T: **Com Jesus, recebeis nossa vida.**

Intercessões

▷ *A Eucaristia é celebrada em comunhão com toda a Igreja, tanto celeste como terrestre, e a oblação é feita por ela e por todos os seus membros vivos e defuntos, que foram chamados a participar da redenção e da salvação obtidas pelo Corpo e Sangue de Cristo, formando um só Corpo e um só Espírito (IGMR 79-g).*

P: Pai que tanto amais, deixai-nos aproximar desta mesa para receber o Corpo e o Sangue do vosso Filho. Pedimos que o Espírito Santo nos ajude a viver unidos na alegria. Ó Pai, sabemos que sempre vos lembrais de todos. Por isso, pedimos por aqueles que nós amamos (N. N.) e por todos os que morreram na vossa paz. Cuidai dos que sofrem e andam tristes; olhai com carinho o povo cristão e todas as pessoas do mundo.
T: **Com Jesus, recebeis nossa vida.**

Doxologia (louvor)

▷ *Oração trinitária que retoma toda a ação de graças, desde o prefácio. Exprime a glorificação de Deus. A esse louvor solene, que anima toda a oração eucarística, a assembleia responde com um "Amém" igualmente solene.*

▷ *O Amém: palavra hebraica que quer dizer: "concordo!", "confirmo!", "asseguro!", "aceito!", "creio!". A assembleia diz amém e afirma a verdade de tudo o que foi dito na celebração. "É nossa voz!" Expressão de compromisso que deve ser pronunciado de modo responsável.*

P: Diante de tudo o que fazeis por meio de vosso Filho Jesus, nós vos bendizemos e louvamos:
POR CRISTO, COM CRISTO E EM CRISTO. A VÓS DEUS PAI, TODO-PODEROSO. NA UNIDADE DO ESPÍRITO SANTO. TODA HONRA E TODA GLÓRIA. AGORA E PARA SEMPRE.
T: Amém!

▶ *O Pai-nosso é a oração do relacionamento que Jesus ensinou. Ao pronunciar as palavras "Pai nosso", se diz sim a uma intimidade com Deus, o Pai de toda a humanidade. O criador que ama, nutre seus filhos, ensina o caminho da justiça, cura os feridos, protege os desamparados. Ele tem todos na palma da mão.*

P: Guiados pelo Espírito de Jesus e iluminados pela sabedoria do Evangelho, ousamos dizer: PAI NOSSO...

P: Livrai-nos de todos os males, ó Pai, e dai-nos hoje a vossa paz. Ajudados pela vossa misericórdia, sejamos sempre livres do pecado e protegidos de todos os perigos, enquanto, vivendo a esperança, aguardamos a vinda de Cristo Salvador.
T: Vosso é o reino, o poder e a glória para sempre!

Abraço da paz

▶ *O abraço da paz vem dos tempos apostólicos. A paz que se pede ao Senhor da paz, e que se deseja entre os irmãos, tem um conteúdo profundamente humano e evangélico: "Vai reconciliar-te com teu irmão" (cf. Mt 5,24). Esse gesto de paz deve incluir o compromisso de trabalhar pela paz e unidade no mundo, e não somente no âmbito da celebração.*

P: Senhor Jesus Cristo, que dissestes aos vossos apóstolos: "Eu vos deixo a paz, eu vos dou a minha paz", não olheis os nossos pecados, mas a fé que anima a vossa Igreja; dai-lhe, segundo o vosso desejo, a paz e a unidade. Vós que sois Deus, com o Pai e o Espírito Santo.
T: Amém!

Fração do pão

▶ *O gesto da fração do pão realizado por Jesus na Última Ceia significa que muitos fiéis, pela comunhão no único pão da vida, Cristo, morto e ressuscitado pela salvação do mundo, formam um só Corpo*

(1Cor 10,17). *O presidente parte o pão eucarístico e coloca uma parte da hóstia no cálice, para significar a unidade do Corpo e do Sangue do Senhor na obra da salvação (IGMR 83).*

- *O Cordeiro de Deus é de origem bíblica (cf. Jo 1,29), faz alusão ao Cordeiro Pascal, que se imola e tira o pecado do mundo.*

Cordeiro de Deus que tirais o pecado do mundo, tende piedade de nós.
Cordeiro de Deus que tirais o pecado do mundo, tende piedade de nós.
Cordeiro de Deus que tirais o pecado do mundo, dai-nos a paz.

P: Eis o Cordeiro de Deus que tira o pecado do mundo!
T: Senhor, eu não sou digno de que entreis em minha morada, mas dizei uma só palavra e serei salvo!

Canto da comunhão

- *Após a comunhão, a assembleia, em silêncio, ora e agradece.*
- *Na oração pós-comunhão o padre implora os frutos do mistério celebrado, e o povo, pela aclamação "Amém", faz sua a oração.*

Oração pós-comunhão

P: Ó Deus, que os vossos sacramentos produzam em nós o que significam, a fim de que, um dia, entremos em plena posse do mistério que agora celebramos. Por Cristo nosso Senhor.
T: Amém!

Na vida eterna...

RITOS FINAIS

▷ *A bênção é o encerramento da celebração. Quem abençoa é o padre (presidente da celebração). Ele abençoa em nome de Deus Uno e Trino. É preciso que a Eucaristia tenha conexão com a vida; que os participantes saiam às ruas com um compromisso ético, com uma esperança, com a certeza de ter crescido na fraternidade e na decisão de dar testemunho no meio do mundo. Antes de retirar-se, o padre venera o altar, beijando-o.*

Bênção solene

P: O Senhor esteja convosco!
T: Ele está no meio de nós!

P: Que Deus todo amoroso derrame sobre vós as suas bênçãos!
T: Amém!

P: Torne os vossos corações atentos à sua Palavra a fim de que transbordeis de alegria!
T: Amém!

P: Assim, abraçando o bem e a justiça, possais correr sempre pelo caminho do amor!
T: Amém!

P: Abençoe-vos Deus, que é Pai, Filho e Espírito Santo!
T: Amém!

P: Glorificai o Senhor com a vossa vida! Ide em paz e o Senhor vos acompanhe!
T: Amém!

Canto final

Fazer em casa com carinho

- A comunhão no Corpo e no Sangue de Cristo cria a unidade da Igreja. Leia com muito carinho a Primeira Carta aos Coríntios, capítulo 10, versículos 16 e 17. Baseando-se nessa leitura e no que aprendeu no encontro faça a cruzadinha abaixo.

1. O .... de Cristo foi derramado por toda a humanidade.
2. A Eucaristia é o sacramento da ....
3. O Corpo e o Sangue de .... são alimentos de vida.
4. Jesus se entregou por ....
5. Um é o .... e um o Corpo que formamos.
6. .... Pai é glorificado por Cristo, com Cristo e em Cristo, na unidade do Espírito Santo.
7. O cálice da .... é comunhão com o Sangue de Cristo.

Na vida eterna...

- Cante com alegria a música de hoje.

Propósito da semana

Faça um bonito cartão convidando algumas pessoas para a sua Primeira Eucaristia. Escreva uma frase que expresse a importância dessa celebração para você.

A Palavra de Deus

Leia o Evangelho de João, capítulo 6, versículos do 51 ao 58, e faça um desenho que mostre o que significa para você a vida boa com os outros num mundo em harmonia. Depois de pronto o desenho e olhando para ele, faça uma oração e escreva abaixo do desenho um pedido ao Pai para que a sua comunhão no Corpo e no Sangue de Cristo lhe dê forças para viver relações que construam a paz.

32º Encontro: Celebrar o amor

"Teu amor vale mais do que a vida: meus lábios te louvarão."
Sl 63(62),4

Jesus é nossa alegria! Aleluia!

32

UM CÁLICE FOI LEVANTADO
(Reginaldo Veloso)[1]

Um cálice foi levantado, um pão entre nós partilhado,
o povo comeu e bebeu e anunciou, o amor venceu!

Ó Pai, tua eterna Palavra enviaste!
Ó Verbo, tua tenda entre nós levantaste!
Senhor, ao mundo vieste qual luz
e a todos tu nos iluminas, Jesus!

Ó Ceia, Jesus, pão e vinho tomou
e o cálice e o pão igualmente abençoou.
Ó Mesa, o Cristo se dá em comida,
comunga e entrega também tua vida!

Ó Igreja, da mesa de Deus te alimentas.
Do pão da ceia do amor te sustentas.
Do cálice o vinho a festa maior
bebendo revive e anuncia o amor!

Humanos, mulheres e homens, ouvi-me!
A terra sedenta está de justiça.
Em nome do pão e do vinho do amor,
uni-vos em torno da Causa Maior!

Na vida eterna...

MÚSICA DO ENCONTRO
(melodia: *Ciranda cirandinha*)

Estamos aqui hoje para celebrar o amor!
Esta festa é da alegria e da bondade do Senhor!
As crianças cantam vivas a Jesus, o Salvador!
Que no pão e no vinho sua vida ofertou!

---

1. CD *Cantos de abertura e comunhão – Anos A, B, C*. São Paulo: Paulus. Coleção Cantos do Hinário Litúrgico da CNBB.

OFÍCIO DAS FLORES[2]

Entrada das flores

Enquanto cantam, todos entram em procissão.

Canto (sugestão, mas pode ser outro)

Um girassol, florindo no jardim, buscando a luz do sol, sorriu para mim.
Eu também sou pequeno girassol, buscando a luz de Deus. Sou feliz assim!

Abertura

— Venham, ó crianças, ao Senhor cantar! (bis)
— Venham, com alegria, a Deus festejar! (bis)

— Ao criar o mundo com sabedoria! (bis)
— Deus fez as lindas flores. Oh! Quanta alegria! (bis)

— São sinais de vida, são sinais de amor! (bis)
— Trazem com seu perfume, bênçãos do Senhor! (bis)

— Glória ao Pai, ao Filho e ao Santo Espírito! (bis)
— Glória à Trindade Santa! Glória ao Deus bendito! (bis)

Recordação da vida

Recordar o caminho feito na catequese, olhando para o que foi bom e para as dificuldades encontradas.

Salmo

Sl 147(146): **Deus é nossa alegria! Aleluia!**

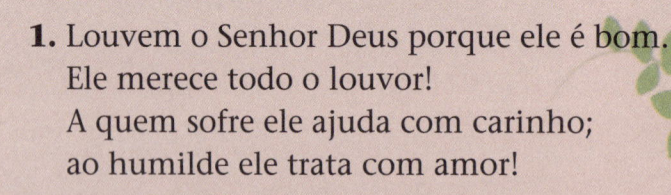

1. Louvem o Senhor Deus porque ele é bom.
   Ele merece todo o louvor!
   A quem sofre ele ajuda com carinho;
   ao humilde ele trata com amor!

2. Ele faz crescer a grama sobre os montes.
   Dá-nos plantas e flores. Ele é vida!
   Aos animais e a tantas aves que há no céu
   nunca faltam proteção e comida!

Proclamação da Palavra: *escuta confiante*

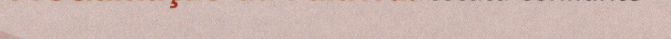

---

2. Vanildo de Paiva. *Catequese e liturgia: duas faces do mesmo mistério.* São Paulo: Paulus, 2008, pp. 110-113.

Canto

Bato palmas de alegria a Jesus que vai falar!
O Evangelho que nos guia, nós queremos aclamar!

Evangelho: Mt 6,28-33
Por que vocês ficam preocupados com a roupa? Olhem como crescem os lírios do campo: eles não trabalham nem fiam. Eu, porém, lhes digo: nem o rei Salomão, em toda a sua glória, jamais se vestiu como um deles. Ora, se Deus veste assim a erva do campo, que hoje existe e amanhã é queimada no forno, muito mais ele fará por vocês, gente de pouca fé! Portanto, não fiquem preocupados dizendo: o que vamos comer? O que vamos beber? O que vamos vestir? Os pagãos é que ficam procurando essas coisas. O Pai de vocês, que está no céu, sabe que vocês precisam de tudo isso. Pelo contrário, em primeiro lugar busquem o reino de Deus e a sua justiça, e Deus dará a vocês, em acréscimo, todas essas coisas.

— Palavra da Salvação!
T: Glória a vós, Senhor!

Reflexão: *silêncio e partilha*

Preces de louvor, ação de graças

Apresentemos a Deus o nosso coração agradecido!

— Ó Pai, te louvamos pelas flores e pela alegria que o teu amor nos dá a cada dia!

Eu louvarei! Eu louvarei! Eu louvarei! Eu louvarei!
Eu louvarei ao meu Senhor!

— Ó Pai, te louvamos pela vida, pela coragem de levarmos a alegria aos irmãos!

— Ó Pai, te louvamos por cuidar com carinho da natureza e dos seus filhos!

(Outros louvores espontâneos)

Pai-nosso

Oração de bênção da água com pétalas

Ó Pai, perfuma nossa vida com teu amor e ternura. Abençoa esta água, que ela nos renove e sejamos perfume e alegria para nossos irmãos. Amém!

Encerramento

Todos são convidados a tocar na água perfumada com pétalas e fazer o sinal da cruz em si e nas outras crianças, encerrando com um forte abraço de paz.

Na vida eterna...

Fazer em casa com carinho

● Será muito bom para você fazer um registro do caminho percorrido na catequese.
— O que você achou mais interessante nesse tempo de preparação?
— Em quais momentos sentiu mais a presença de Deus Pai?

Pense na sua vida como num filme e volte ao primeiro dia que você chegou à catequese.
— Estava tímido(a) por não conhecer ninguém?
— Imaginava que seria uma chatice?
— E, hoje, como você está?
— O que aprendeu e que não vai esquecer, porque foi muito bom ter aprendido?

São muitas questões, não é? Responda para você, mas se quiser partilhar com alguém de sua família, também será muito bom. Depois, escolha a forma de deixar registrada essa sua experiência aqui na página ao lado: pode ser um resumo das coisas de que você se lembrou; uma poesia; um desenho; algumas palavras ou frases que tenham sentido para você; uma música ou história. O que quiser, contanto que não deixe de se expressar!

● A música de hoje é pura alegria. Cante!

Propósito da semana

O propósito desta semana será preparar-se para a grande celebração da Primeira Eucaristia, aumentando os momentos de oração; alimentando o desejo no coração de comungar com o Senhor e com os irmãos, vivenciando as atitudes de amor que foram trabalhadas durante a catequese e convidando as pessoas queridas para participar desse momento tão importante da sua vida.

Na vida eterna...

115

A Palavra de Deus

O texto que você vai ler está na Primeira Carta aos Coríntios, capítulo 11, versículos do 23 ao 26. Nele o apóstolo Paulo relembra como começou a Eucaristia na Quinta-feira santa, quando Jesus se entregou totalmente e nos deu o pão e vinho (Corpo e Sangue) como dom de vida para todos. Veja que atitude linda tomou Jesus por todas as pessoas do mundo inteiro! Na sua Primeira Eucaristia você se alimentará desse Corpo de Cristo e será, assim, vida para todos os seus irmãos e irmãs que caminham com você. Isso é muito importante para cada cristão, pois não adianta comungar Jesus Cristo e não ser comunhão com os outros. Não se esqueça disso quando comungar, combinado? Leia o texto, releia, medite e escute o sentimento que brota do fundo do coração quando você para e pensa nesse momento maravilhoso de receber Jesus Eucarístico. Agradeça a Deus todo o caminho feito durante a catequese. Se quiser escrever, fique à vontade.

"De fato, eu recebi pessoalmente do Senhor aquilo que transmiti para vocês: na noite em que foi entregue, o Senhor Jesus tomou o pão e, depois de dar graças, o partiu e disse:
— Isto é o meu Corpo que é para vocês; façam isto em memória de mim.
Do mesmo modo, após a Ceia, tomou também o cálice, dizendo:
— Este cálice é a Nova Aliança no meu Sangue; todas as vezes que vocês beberem dele, façam isto em memória de mim.
Portanto, todas as vezes que vocês comem deste pão e bebem deste cálice, estão anunciando a morte do Senhor até que ele venha."

33º Encontro: Amém

"O louvor, a glória, a sabedoria, a ação de graças, a honra, o poder e a força pertencem ao nosso Deus para sempre. Amém!"
Ap 7,12

O selo do compromisso

Eu, ...,
junto com meus irmãos e irmãs de caminhada na catequese, creio em Deus que é Pai, é todo amor e força, misericórdia e compaixão. Ele, o Criador do céu e da terra e de todas as maravilhas que existem no universo, ofertou a todas as pessoas Jesus Cristo, presença viva, principalmente em cada rosto que sofre. Ele é o seu único Filho, que comunica com a vida quem é o Pai, tornando-se assim o nosso Senhor. Nasceu do ventre de Maria por obra do Espírito Santo que tudo envolve. Curou os doentes, acolheu os desprezados, chamou para a vida o que estava morto, anunciou a Boa-Nova do Amor e foi testemunha da verdade até morrer por ela. Suportou desprezos, humilhações e duras penas, e na sua morte foi sepultado o egoísmo humano. O Pai disse "sim" à vida, ressuscitando Jesus e com ele recriando a humanidade para viver no amor. Esse amor é que fará o julgamento nos tempos finais e convida hoje para buscar as coisas do alto, onde se encontra o Senhor Ressuscitado. Tudo isso será possível viver pela força do Espírito, que é o laço de união entre o Pai e o Filho e opera a bondade que há nas pessoas. Ele une a Igreja para servir a humanidade. Para isso, a comunidade de fé conta com o vigor dos sacramentos e com o testemunho e a intercessão dos santos, pessoas que se deixaram guiar pelo sopro divino. Creio que minha vida vale o Sangue de Cristo e quero deixar-me transformar a cada dia para me assemelhar mais e mais a ele, até que chegue o feliz dia de receber a herança da comunhão total com Deus Pai, Filho e Espírito Santo. Por isso, desde já quero viver o amor que me une a Deus e aos irmãos.

Amém.

MÚSICA DO ENCONTRO
(melodia: *Bate o sino*)

Creio em Deus que é Pai, todo-poderoso,
criador das maravilhas no céu e na terra.
Creio em Cristo, o seu Filho e nosso Senhor,
concebido pelo Espírito, no seio de Maria.
} melodia do refrão

Sob o poder de Pôncio Pilatos
foi crucificado, morto e sepultado.
Ao terceiro dia ressurgiu dos mortos
e subiu aos céus onde está sentado.
} melodia da estrofe

À direita de Deus Pai todo-poderoso
donde há de vir julgar os vivos e os mortos.
Creio no Espírito que dá vida a sua santa Igreja
que se faz comunhão com todos os santos.
} melodia do refrão

Creio, Pai querido, nos pecados redimidos,
na ressurreição da carne e na vida eterna. Amém.
} melodia da estrofe

Fazer em casa com carinho

- Leia o termo de compromisso que você assinou, faça desenhos no livro com as cenas mais significativas dele e, acima do desenho, coloque o título de cada cena.

• Cante a música em casa com seus familiares.

Amém.

119

Propósito da semana

Procure rezar todos os dias desta semana o Credo com sua família ou, se não for possível, pelo menos com uma pessoa a cada dia. Reze com firmeza, meditando no sentido profundo das palavras.

CREDO

Creio em Deus Pai todo-poderoso,
criador do céu e da terra.

E em Jesus Cristo, seu único Filho, nosso Senhor.

Que foi concebido pelo poder do Espírito Santo;
nasceu da virgem Maria.

Padeceu sob Pôncio Pilatos, foi crucificado, morto e sepultado.

Desceu à mansão dos mortos; ressuscitou ao terceiro dia, subiu aos céus; está sentado à direita de Deus Pai todo-poderoso,

donde há de vir a julgar os vivos e os mortos.

Creio no Espírito Santo; na santa Igreja Católica; na comunhão dos santos; na remissão dos pecados; na ressurreição da carne; na vida eterna.

Amém.

A Palavra de Deus

O Salmo 150 é um convite ao agradecimento por tudo o que Deus fez na vida de cada pessoa e pela graça da fé derramada em todos os corações. Medite sobre ele, louvando e bendizendo ao Senhor. Separe as palavras que você mais gostar, forme frases ou faça uma poesia e escreva na página ao lado.

ALELUIA!

Louvem a Deus no seu templo,
louvem a ele no seu poderoso firmamento!

Louvem a Deus por suas façanhas,
louvem a ele por sua imensa grandeza!

Louvem a Deus tocando trombetas,
louvem a ele com cítara e harpa!

Louvem a Deus com dança e tambor,
louvem a ele com cordas e flauta!

Louvem a Deus com címbalos sonoros,
louvem a ele com címbalos vibrantes!

Todo ser que respira louve a Deus! Aleluia!

O texto abaixo é muito bonito.
Escolha um dia desta semana para lê-lo.

CREIO

Eu creio, dando meu coração e estendendo a minha mão.
Creio em meio à tempestade, mas também na brisa suave
No pôr do sol, no fim da tarde, na noite que chega e acalma a alma.
Creio nas crianças, na natureza, na música.
Creio no olhar que tudo espera, no sorriso que ilumina,
na bondade que é fortaleza.
No ajuntamento de vidas para salvar outras vidas
e na intensa coragem de viver, mesmo depois de tudo perder.
Creio no céu azul, na chuva mansa,
na fonte que existe dentro de cada ser.
Creio na alegria que enfeita o dia
e na amizade que perfuma o mundo.
Creio em Deus que é Pai, Filho e Espírito Santo.
Amém!

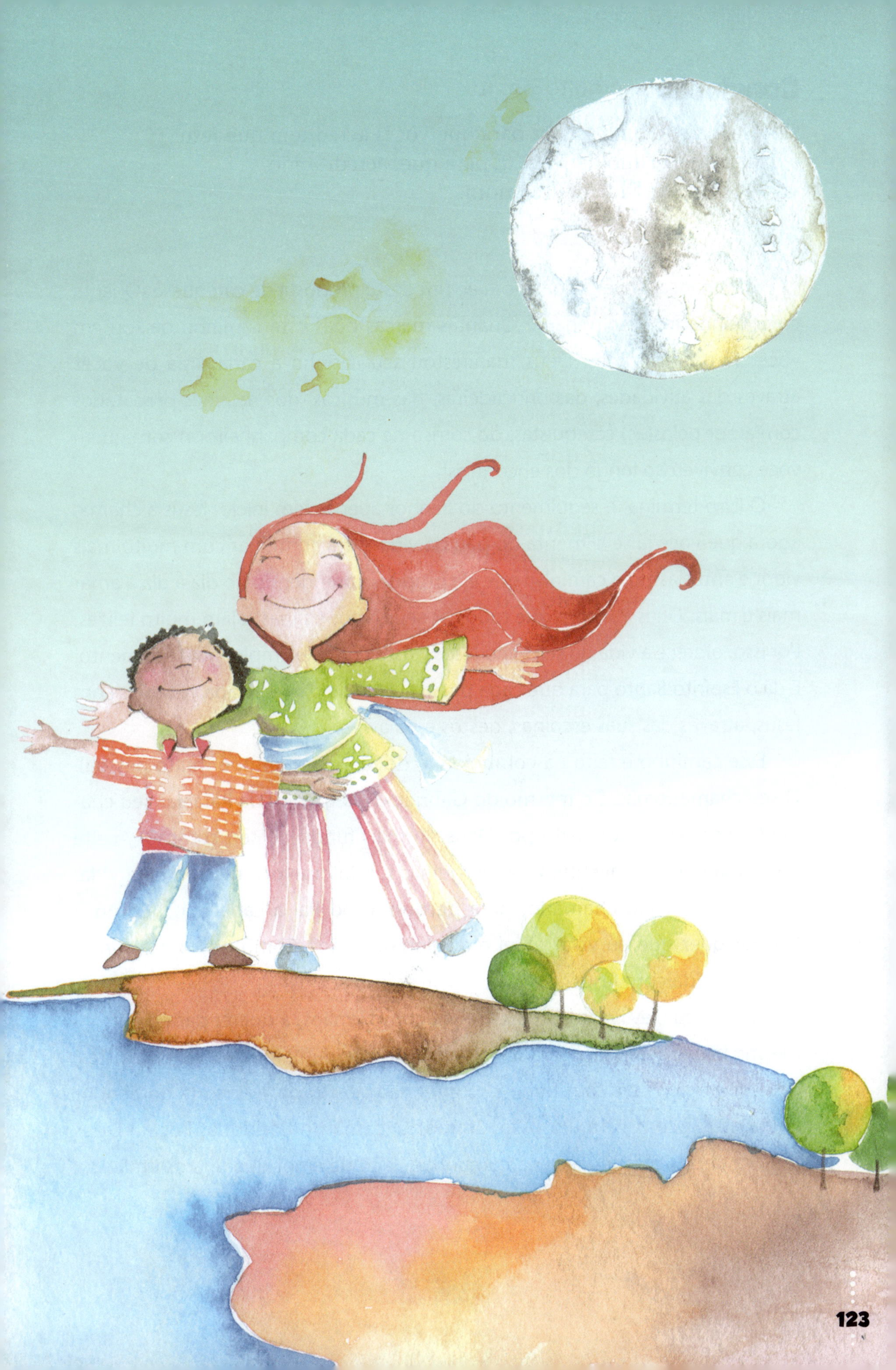

Conclusão

"Estes sinais foram escritos para que vocês acreditem que Jesus é o Messias, o Filho de Deus. E para que, acreditando, vocês tenham a vida em seu nome."
Jo 20,31

Olá, criança! Você chega agora ao fim desta proposta de catequese. Quanta coisa bonita foi aprofundada! Quantas marcas boas este caminho deixou em você! Tantas amizades! Deus manifestou seu carinho a cada uma de vocês através das atividades, das brincadeiras, das músicas, dos detalhes preparados com amor pelos(as) catequistas, do sorriso de cada companheiro(a) com quem você conviveu ao longo dos encontros!

O livro termina, o seguimento do Senhor apenas tem início. Jesus a chama, agora que você já se alimenta do pão da vida, para continuar com muito mais vigor e entusiasmo o caminho que ele propõe, aprendendo no dia a dia a amar mais e mais. Deus Pai quer que todos os seus filhos e filhas sejam muito felizes. Por isso, oferece a vida do seu Filho Jesus Cristo como exemplo, guia e alimento. E dá o Espírito Santo para que cada pessoa possa se parecer cada vez mais com Jesus, através das suas escolhas, gestos e palavras.

Esse caminho é feito na comunidade de fé; no entanto, é muito pessoal. O seu chamado não é o mesmo do Gabriel, da Letícia ou da Rafaela. Seu chamado é só seu, único, feito por Deus no mais fundo do seu coração. Aceite esse desafio e essa aventura de mergulhar fundo em você mesma e na vida, para buscar o seu chamado, para perguntar ao Pai a cada dia: "Como o Senhor quer que eu viva? Qual é a minha missão? Como posso me tornar mais parecida com Jesus?".

A Eucaristia leva a amar mais, a viver como irmãos, a querer para o outro o mesmo bem que se quer para si. Enquanto houver neste mundo pessoas tristes, desesperançadas ou com fome, a comunhão no Corpo e Sangue do Senhor ainda está incompleta. Por isso, ânimo! O caminho continua! Peça a Deus a graça de, ao comungar, ser a comunhão, laço de amor que une os irmãos.

"Enquanto tiver uma pessoa passando fome neste mundo, nossas eucaristias continuarão incompletas."

(Pedro Arrupe)

Sobre as autoras

Tania Ferreira Pulier

Sou jornalista e professora de teologia. Trabalhei como comunicadora popular na Cáritas Diocesana de Araçuaí, no Vale do Jequitinhonha. Participo da Família Missionária Verbum Dei, uma comunidade que cultiva a vida de oração e o anúncio da Palavra de Deus, tentando viver aquilo que Jesus ensinou. Trabalho na Metanoia Educação em Negócios.

e-mail: taniapulier@yahoo.com.br

Sandra Regina de Sousa

Sou professora de teologia na área de espiritualidade e liturgia, compositora e cantora. Atuo na Pastoral Litúrgica do Canto e Catequese e em diversas pastorais sociais (com menores de rua, presidiários, entre outras). Assessora a Oficina do Diálogo, que promove a melhoria das relações nas equipes de trabalho das paróquias, ongs, escolas e outras entidades.

e-mail: sandrasousa19@yahoo.com.br

Coleção **Creio na alegria**

- *Creio na alegria. Caminho de fé cristã nos passos do credo – Livro do catequizando 1*, Sandra Regina de Sousa; Tania Ferreira Pullier
- *Creio na alegria. Caminho de fé cristã nos passos do credo – Livro do catequizando 2*, idem
- *Creio na alegria. Caminho de fé cristã nos passos do credo – Livro do catequista 1*, idem
- *Creio na alegria. Caminho de fé cristã nos passos do credo – Livro do catequista 2*, idem